"好家风 好家教"书系

家有二孩

教育不是1+1

艾安妮　著

浙江教育出版社·杭州

序 言 PREFACE

　　有人研究过一个课题，那就是什么样的家庭结构才是最健康的。这个问题并没有标准答案。决定一个家庭是否健康的因素里，起主要作用的是这个家庭成员间的相处方式以及基本观念。不过，经过调查得知，在其他条件相同的情况下，最和谐的家庭应包括一对父母和两个孩子。

　　一对父母和两个孩子的家庭结构就如同一个四边形，它不像三角形那样一成不变，也不像多边形那样变化较多。四边形的结构，可以在保持家庭的基本形态的前提下，给每个家庭成员足够的自由度。

　　随着我国"二孩"政策的全面放开，越来越多的家庭有机会建立这种家庭结构。对于符合条件的父母来说，这可谓一桩莫大的喜事。但同时，由于人们对养育两个孩子缺少足够的经验，这也是一项巨大的挑战。

二孩家庭与独生子女家庭，看似只多了一个人，但当实际面对时，会发现出现的问题要比想象中多得多。

　　如果父母用心去观察、去经营，就会发现那些多出来的问题并不是无法解决的，它们只是孩子成长过程中必经之路。与其把它们当作麻烦，不如说它们让孩子的成长环境更加完整，也更加健康。

　　其实，不论是一个孩子，还是两个、多个，只要父母愿意付出足够的耐心和爱心，用心爱孩子，用理性给予他们尊重，给予他们自由成长的空间，那么很多问题都能迎刃而解。

　　在家庭里，孩子会从父母那里学到爱与尊重，也会在彼此之间学到友谊与包容。当孩子渐渐长大，他们会把这些爱、尊重、包容和友谊投射到他们身边的人身上。但这一切的前提是，父母能在孩子的成长过程中运用正确的培养方法。

　　二孩的到来，会伴随着喜悦，也一定会有挑战。当孩子们健康、快乐地长大，父母的一切付出都是值得的。

目 录 CONTENTS

第一章
身为独生子女的父母，直面双子女养育

当人们聊起二孩话题时，总会提起家庭资源的问题。很多人认为，一个家庭决定要二孩的话，对大宝来说，是一种损失。因为这个家庭留给大宝的资源可能会减半。持有这种观点的人，往往忽视了一个非常重要的问题，那就是，拥有一个至亲的兄弟或姐妹，远比其他财富更珍贵。

1.1　要二宝，你真的准备好了吗

随着一对夫妇可生育两个孩子政策的全面实施，二孩已经成为许多家庭的热门话题。然而，当下的这一代父母，绝大多数是独生子女，从小就在只有一个孩子的家庭中长大，对于二孩家庭的环境可以说是陌生的。面对即将到来的双子女家庭，他们会兴奋，同时也会由于未知而感到困惑。当二宝到来后，他们往往由于缺少足够的认知而犯下一些或大或小的错误，有些错误甚至可能会影响这个家庭未来的发展。

家庭迎来一个新的宝宝，可以说是一件天大的喜事，实在不该因为父母的粗心大意而留下遗憾。为了让小宝宝能快乐地在这个家庭里成长，也为了这个家庭能因为小宝宝的到来而获得更多的欢乐，父母最好在一开始就做足准备，正所谓有备无患。

母亲的身体是未来的本钱

小曼是个标准意义上的"吃货"，社会上流行的小蛮腰、锥子脸的话题，她从来不在意。对她而言，人生中如果不能吃好喝好，那么简直毫无乐趣可言。于是，不到40岁的她，体重已经接近70千克。她每天最大的乐趣就是到处吃吃喝喝，整个城市的餐馆几乎都被她吃遍了。但有一天，她忽然开始健身，不是随便尝试一下的那种，而是制订了严格的计划，并且在一丝不苟地执行。有人怀疑她是不是受了什么刺激，进而想减肥。

后来才知道，原来她打算要二孩。

小曼有一个儿子，已经12岁。听说国家政策允许生二孩，所以她决定再要一个孩子。

在没有放开二孩政策之前，她对自己的身体状况毫不在意，随便吃，随便发胖。但为了生二孩，她决定把身体锻炼得更健康。

有些人嘲笑她临时抱佛脚，准备生孩子才想到健身。但更多的人是表示钦佩。因为有些母亲，哪怕已经怀孕，都不太在意自己的身体状况。

当母亲决定孕育新生命时，就意味着她的身体不只属于她自己，也属于那个小生命。在怀孕期间，母体的健康状况直接影响到腹内胎儿的成长。所以，如果一个母亲决定孕育宝宝，却仍然对自身健康毫不在意，那么这个母亲是不合格的。

通常情况下，除了高龄产妇，大多数女性在生头胎时身体机能都不错，因此能顺利产下一个健康的宝宝。但生二孩时，情况就有可能不同。

很多决定生二孩的女性，由于生头胎对身体的影响及年龄的增加带来的生理变化，加上工作和生活上的压力，身体机能已经不如从前。

那么，一旦决定生二孩，母亲必须重新重视起来，为生出一个健康、聪明的宝宝而努力改善自己的身体状况。

当然，并不是要求每个母亲都像小曼那样刻苦健身。但至少，从决定生二孩那一刻开始，就要保证健康、规律的作息时间，调整饮食结构，在工作和辅导大宝功课方面，也要尽量做到合理安排时间。

父亲别想置身事外

于立在决定要二宝时，可没想到会有那么多的麻烦事。

首先，他要学习做饼干和蛋糕，因为大宝喜欢吃。用妻子的话说，在怀二宝和生下后照顾二宝期间，她很可能没有时间做这些，那么这项工作就交给了孩子的父亲于立。

其次，他还要负责辅导大宝的功课。同样如妻子所说，大宝的学习不可以耽误。在她产后照顾二宝期间，辅导大宝的重任就落在他的肩上了。如果大宝学习成绩下降，便"唯他是问"。

再者，家里的大事小情，他都得从妻子手中接过来。

仿佛一夜之间，从他家决定要二宝那一刻开始，有关大宝的一切担子，全都要由他一肩挑起。

记得当年生大宝时的情况可不是这样的啊！

这就是生头胎和生二孩的不同。

生头胎时，不需要顾及那么多，许多家庭都是在摸索中前进，需要做什么，立刻去学也来得及。但生二孩不一样，生二孩必须时时刻刻记得一个前提，就是自己的家中还有一个孩子。

如果妻子的精力只够照顾一个宝宝，那么照顾另一个宝宝的重担自然就落在了丈夫的肩上。

所以，当父亲的千万不要有侥幸心理，认为可以既享受到两个孩子的天伦之乐，又能舒舒服服地当"甩手掌柜"。

从决定生二孩的那一刻起，丈夫就要认清楚一个事实，即这个家的家庭结构会发生天翻地覆的变化。这个变化不仅是增加一个小宝宝，而且是家庭分工的重新调整，甚至是生活习惯的改变。

如果等生了二孩再开始着手改变，那么难免手忙脚乱。所以，从决定生二孩开始，丈夫就需要一点点把家里的重担接过去。

为了妻子能在怀孕期间和生产之后无后顾之忧，丈夫必须把堡

5

垒建造起来。如果原本是以工作为主的事业型男人,就要开始学会平衡家庭和工作之间的关系。

父亲是一个家庭中非常重要的角色,对于双子女或多子女家庭来说,更是如此。很多人会将自己的父亲当作成长的标杆。为了能在迎接二宝的过程中不至于手忙脚乱,父亲一定要把该承担的责任承担起来。

健康的家庭氛围比一切都重要

一次聊天时,已经是7岁孩子母亲的赵女士向朋友透露了想要二孩的打算,向朋友征求意见。

她原本是想问一些关于生二孩需要注意的事项,比如,需要办什么手续。但没想到,朋友建议她先关注一下大宝的教育问题。

"你这个月把所有的精力都用在了工作上,一次都没带你家红红出去玩,红红意见很大。这种时候再生二孩,简直是雪上加霜。"

听朋友这么一说,赵女士如梦初醒。

这时,她才意识到她家现在的状况有多糟糕。她与老公每天忙于工作,几乎没有时间陪女儿出去玩,连功课都是爷爷奶奶在辅导。这种情况下,如果生二孩,简直是在加剧家庭的矛盾。

但她不打算放弃生二孩,于是她决定重新分配工作和家庭的精力比例,并且跟丈夫仔细地沟通了这个问题。

好在丈夫也很想要二孩,于是,接受了她的建议。

很多家庭都希望可以多添人丁,却忽略了家庭的实际状况。一片肥沃的土壤可以生长出绿油油的禾苗,但贫瘠的土壤里要想结出硕果,必须加倍付出辛勤劳动。

良好的家庭氛围,不仅有助于孩子的成长,而且能让家庭中的每个成员都从中受益。比如,一个每天忙于工作的人,当他回到家,看到的只是冷冰冰的客厅。对父母毫不在意的孩子和只关心自己工作的父母,他们能从这个家中得到什么呢?只会是更多的疲惫。

偏偏有一些独生子女家庭就是如此。也许正因为这样,才造就了一些人自私、冷漠的个性。如果一个生了二孩的家庭,仍是这样的氛围,那么对于两个孩子的成长,都是不利的因素。

一个家庭,不论它原本是什么模样,但从决定要二孩起,就要一点一滴地开始改变:把冷漠变成温馨,把忙碌的脚步稍稍放缓,把更多的精力和心思放在家庭建设上面。每周或每月举办一次家庭集体活动,家庭成员间进行适当互动,相互关心,一起做些有趣的事,都能把一个沉闷的家变得活力四射。

既然要生二孩,父母希望迎来的必然是欢乐,而不是互相责备,互不关心。那么,不如从我做起,先让这个家庭充满更多的欢乐和关爱。当孩子降生,他直接来到一个充满爱、充满关怀和理解的世界,这是父母能给予孩子的最好礼物。

谁都不可能面面俱到

在实际生活中,不论准备得多充分,总有不周全的地方。

卷卷妈妈直到生卷卷那天,才想起婴儿床还没买。3年后,她又生了二卷。而生完二卷,她才想起之前卷卷剩下的纸尿裤早已过期。

卷卷妈妈并不是粗心大意的人,相反,计划得非常周详,在怀孕之前,她就在为两个宝宝规划整个人生了。但人总有疏忽的时候,总会忘记一些显而易见的事情。

实际上,卷卷和二卷在温馨的氛围中开心、健康地成长。

向两个孩子问起他们的妈妈，他们都说那是全世界最可爱的妈妈。

因为妈妈爱他们，比谁都爱。

做父母的总会在孩子降生前就为孩子设计得妥妥当当，读什么样的幼儿园，读什么样的小学，读什么样的中学，读什么样的大学，毕业做什么工作，等等。

事实上，家长计划这么多，都不如一句保证，那就是保证能永远爱你的孩子。

不论是大宝，还是二宝，保证在任何时候，都给两个孩子足够的爱。只有保证爱孩子，才有能力去解决遇到的各种问题。

生二孩并不简单，但也不是什么天大的困难。只要做父母的有足够的责任心，有足够的担当和足够爱孩子的心，就一定能把准备工作做得妥妥当当，然后顺利迎接家中第二个宝宝的到来。

1.2　未雨绸缪才是王道

为家庭增添一个宝宝可不像给家里买张桌子、买个书架那么简单，你要迎接的是一个活生生的小生命。这个小生命有欢乐的时候，也有难过的时候。从他降生的那一刻起，周遭的一切都能成为影响他一生成长的关键。而合格的父母不应草率应付，为了迎接这个小生命，必然从他降生的几个月前，甚至一年前，就开始在方方面面着手准备。

从家里的摆设开始

周末一大早，丽丽就开始对房间布局大加改动。她先是把很占空间的大饭桌搬了出去，准备回头处理掉，接着又把沙发挪到靠近书架的那边。

丽丽的举动吓坏了丈夫，她有4个月的身孕，这么大的动作，动了胎气可怎么办？

"你不知道，"对于她的举动，丽丽解释说，"今天我一醒来，就觉得家里哪儿都不对，东西放的位置不对，很多东西根本就是多余的！比如饭桌，家里根本不需要放那么笨重的饭桌，以后用折叠式的就可以了。把沙发放在靠近书架的位置也能节省更多的空间……"

"可是你要这么多空间有什么用？"她的丈夫一脸茫然地说，"我们又不用在家里踢足球！"

"你说到点子上了！"丽丽敲了下丈夫的脑门，"再过几个月，就要有人在家里踢足球了！"

丈夫当然知道再过几个月家里会多一个小生命，他5岁的儿子会多一个弟弟或者妹妹,但是没达到要在家里踢足球的地步吧!

其实,丽丽并没有说错。

对于一个二孩家庭来说,如果两个孩子年龄相近,年龄差不超过7岁的话,这两个孩子很快就能玩到一起去。那时候,家长出于自身审美而布置的家统统要给孩子的天性让路。

当两个小孩在一起玩的时候,家里稀奇古怪的摆设,都不过是障碍,他们最需要的是一个可以让他们尽情玩耍的足够大的空间!

那么,在二孩到来之前,在家里为两个孩子腾出足够大的空间是有必要的。

其实,不仅仅是空间,更重要的是,这个家的任何一个角落,都要开始为迎接二孩做好准备。

他可能是个喜欢安静的孩子。但是再安静的孩子,他都得拥有属于自己的空间。

这个家庭必须准备出这样的空间来。

除了物理上的空间,心理上的空间也十分必要。

从决定要二孩的那一刻开始,就要习惯在心理上为二宝腾出一个足够大的空间,做任何决定时,都要多想想这个即将到来的小生命。

不放过任何细节

云妈妈正在为全家准备晚餐,这时,她4岁的儿子跑到她的身边。

"妈妈,我想要变形金刚!"

这是个直截了当的要求。从前,当儿子提出这个要求时,妈妈总会对他说:"没问题,你想买哪个型号的?"

但是这一次,云妈妈迟疑了片刻。在儿子以为希望落空,开始沮丧时,云妈妈问他:"我可以给你买,但是你可不可以再选一个送给即将到来的弟弟呢?"

儿子一听,马上兴奋起来:"我的弟弟?他在哪里?"

"当然,也可能是妹妹。但无论如何,你愿意为小宝宝也挑选一个变形金刚吗?"

事实上,云妈妈尚未怀孕,她只是不久前才与丈夫决定要二孩,而她之所以这样问儿子,就是想看看儿子的反应。

儿子十分开心。4岁的孩子,想法非常单纯,他只知道自己想要变形金刚的要求得到了满足,同时他未来的弟弟或者妹妹也能拥有另一个。

云妈妈这样做,并不仅仅是试探儿子的反应,更是提前帮儿子做好心理准备,那就是他即将有一个弟弟或妹妹。同时,她又给了儿子一个暗示,就是这个弟弟或妹妹并不会影响到他的需求,他仍然能得到想要的变形金刚或其他东西。

细节是十分重要的,润物细无声,细节可以在潜移默化间让人完成心理上的转变。

不仅仅是大宝,家长也是一样。当一个家庭在任何时候都提醒家人二宝的存在,在细节上做足准备,久而久之,才算是真正做好了迎接二宝的准备。

这里所说的细节,并不只是包括物质上的准备,也包括言语上的暗示。

在独生子女的家庭里,很多父母喜欢对孩子说的是:"你是爸爸妈妈最心爱的宝贝。"

当夸奖孩子时,父母也总喜欢加上一个"最"字。

这其实是独生子女家庭教育的一个弊端,很容易让子女形成以自我为中心的价值观。当然,这里要讨论的并不是这种价值观,而是为了一个家庭的健康发展,这一类语言暗示必须避免。

从"你是爸爸妈妈最心爱的宝贝"逐渐变化为"你是爸爸妈妈永远疼爱的宝贝"。这并不是因为准备要二宝而区别对待。这是在告诉大宝,不管怎样,父母都永远疼爱他。

一些父母总喜欢问孩子:"爸爸和妈妈,你最喜欢谁?"先不说这个问题多么不合时宜,只说关于这个问题,很多孩子都无法给出一个确切的答案。因为孩子根本选不出来,最后只能说爸爸妈妈都喜欢。

那么,对于子女也是一样的,父母同样没有"最"喜欢哪一个,而是都喜欢。因为他们都是父母的孩子,每个都至关重要。

别忘了定期体检

刘女士的日程表安排得非常满,作为报社记者的她,每天要跑新闻,赶稿子。而作为母亲的她,还要准时为大宝补习功课,送大宝去各种学习班。除此之外,她还每半个月去医院做一次检查。

她检查的是体内正在孕育的胎儿的状况。

在她怀第一个孩子时,她的体检频率是每月一次。但这一次,她的体检频率明显增加了。这还是在她工作最为繁忙的情况下。

"绝对不能掉以轻心,"刘女士对朋友说,"我都36岁了,这个孩子对我来说很重要,为了对得起孩子,我必须积极检查。"

谨慎是对的。

一般情况下，很多开始怀二孩的孕妇都年纪不小，与此相对应的，她们丈夫的年纪同样不算小。

孕妇的身体状况是一回事，而胎儿的孕育情况又是一回事。影响到胎儿质量的不仅仅是母亲的身体状况，父亲的身体状况同样会产生一定的影响。

所以，父母年纪越大，对胎儿的检查越要细致。

很多人认为生二孩比生头胎容易，其实容易的只有生产过程，这还要在第一胎并非剖宫产的前提下。生二孩需要面对的问题比生头胎要多得多。

除了年龄相关的因素，心理上的压力也很容易对二孩造成影响。当一个家庭决定生二孩时，这个家庭应该是已经步入平稳状态，父母的工作起码是在成熟期了。

再加上要照顾大宝，所以父母生二孩要承受的压力比生大宝时多得多。

这种情况下要二孩，就很容易因为压力而影响胎儿的生长。

面对这种问题，就更应该积极配合医院的体检，及时关注胎儿的发育情况。

当然，体检看到的只是结果。要想孕育健康的胎儿，父母保持健康的生活习惯、积极调整心态才是最重要的。

在资源分配上，若条件允许，尽量别太节省

夏去秋来，又到了换装的季节。

尔雅给自己腾出一个周末的时间，用来给全家人准备今年的秋装。她把选好的衣服全都放进购物车，然后直接把购物车交给老公。

"买吧。"

老公想也没想，正要给老婆结账，这时候，他发现了一个问题。

"怎么我们闺女的衣服都是中性的？"

"这样的衣服，男孩、女孩都能穿啊！"

"可我们闺女的衣服又不需要给别人穿！"

"谁说的？等二宝生出来，就能给二宝穿啦！万一二宝是个男孩，那些粉红的衣服，他不就都没法穿了吗？"

尔雅的想法是很多打算生二孩的父母的想法。

物应当尽其用。既然家里即将有两个孩子，而小孩子的衣服最多穿一年就小了，那么为了不浪费，为什么不让二宝直接穿大宝的衣服呢？

于是，一些女孩子从小穿哥哥的男装长大，一些男孩子也可能穿到姐姐的"公主装"。兄弟和姐妹能好一些，虽然穿的是旧衣服，但好歹合乎自己的性别。

已经发生的不谈，对那些正准备实施这个计划的父母说一句，在条件允许的情况下，尽量要让孩子拥有属于自己的衣服。

把大宝的资源回收，留给二宝，这是一种很经济的方式。父母的想法没错，但是，如果真这么做了，不但二宝要穿哥哥或姐姐的旧衣服，玩旧玩具，大宝也会产生自己的东西迟早是弟弟或妹妹的概念。

在这样一种潜在的心理影响下，孩子不容易健康成长。在此，有两个建议提供给家长。

如果你们的经济条件很不错，但是崇尚更节俭、更环保的方式，那么请有选择地让二宝"继承"大宝的衣物。社会发展到今天，对于孩子来说，衣服不仅仅是御寒的工具，还有审美的需求。所以那些性别不符、大小不合适的衣物，请舍弃掉，可以留给朋友的孩子，也可以捐给慈善机构。

如果你的家庭因为两个孩子而感受到生活的重压，需要节约生活成本，那么在孩子有了挑选衣服的意愿的时候，在他明显对审美有了兴趣的时候，请告诉他："这件衣服或许你穿起来不是那么合身或漂亮，但它是哥哥（姐姐）穿过的，会很舒适。等爸爸妈妈多赚一点钱，一定送给你一件你喜欢的衣服。"

与此同时，在经济不紧张的时候，应带着两个孩子去买他们喜欢的衣服。这个简单的举动，会让他们感受到满足。

如果父母认为这样的举动很多余，其实是低估了孩子们的心灵敏感度。在孩子年幼的时候，很多事情说不清、道不明，但就是会埋下不好的种子，影响其一生。

所谓教育，就是父母要更多地站在孩子的角度想问题。多关注他们的表现和感受，才是对孩子最好的爱。

15

要知道,怀胎生产,从来都不是一个人的事情。当一个母亲开始孕育新的生命时,这往往牵动着全家人的心。从孩子的父亲,到孩子的爷爷奶奶、姥姥姥爷,这些家人时刻关注着这个在母亲体内悄然成长的小生命。

那么,作为家中非常重要的一员,同时也是母亲的第一个孩子,大宝更加不该置身事外。从孕育过程到最后的生产,都应该有大宝的参与。

分享这份属于全家人的甜蜜

"妈妈的肚子就像个皮球!"

4岁的聪聪每次提起妈妈的肚子,都会哈哈大笑,觉得这是件特别好玩的事情。

"那你知道'皮球'里面装的是什么吗?"邻居故意问他。

"是个妹妹!"

"你怎么知道是妹妹而不是弟弟?"

"因为我想要个妹妹!"

聪聪并不是随便说说的,他每天从幼儿园回到家里,第一件事都是对妈妈肚子里的"妹妹"打招呼。

"今天妹妹有没有不乖?"他一本正经地问,就像他已经十分懂事了一样。

"有啊,"聪聪妈摸摸他的头说,"今天,她把我从梦中踢醒了。"

"哇!这么淘气,不会是个弟弟吧!"

"如果是个弟弟，你还会喜欢他吗？"

聪聪煞有介事地想了想，最后说："我会。"

"为什么呢？"

"因为他那么可爱！"

事实上，聪聪并不知道这个弟弟或妹妹是不是很可爱，但是每次当妈妈拉着他的小手抚摸妈妈的肚子时，他都能感受到妈妈独有的温柔。久而久之，尽管他尚未见到这个小生命，但已经觉得这个小生命非常可爱了。

迎接一个新生命本来就应该是全家人的事情，母亲负责孕育，父亲负责照顾母亲，大宝以自己的方式关注这个小生命的成长。

每个人都应当参与进来，这是属于全家人的喜悦。

这就像共同种植和养育一株漂亮的鲜花。只有每个人都参与其中，当鲜花盛开，大家才能在香气中体会到幸福的甜蜜。

有些家长因为担心大宝笨手笨脚，不敢让大宝靠近怀孕中的妈妈，害怕会引起不必要的事故。这种担心是多余的。如果一个家庭到了担心大宝会伤害到怀孕中的母亲的地步，那么首先应该在意的是这个家庭对孩子的教育了。

事实上，只要父母正确引导，大宝完全可以温柔地对待怀孕中的母亲。这不仅有助于培养大宝对二宝的感情，还能培养大宝的爱心，更能趁机教育大宝做一个有责任心、有爱心并且内心温柔的人。

你们拥有相似的基因链

一天，当妈妈再次跟4岁的天天提起自己正在孕育的这个小宝宝时，天天闪着大眼睛，忽然问道："妈妈，你有弟弟或妹妹吗？"

"妈妈没有，妈妈是独生女。"

"什么是独生女？"天天又问。

"就是没有兄弟姐妹，从小到大只有自己。"

"为什么没有兄弟姐妹？"天天疑惑地问，"你跟李阿姨不是每天都在一起吗？"

"可李阿姨不是我的姐妹啊，她只是我的朋友。"

"为什么朋友不是兄弟姐妹？"

天天并不能弄懂这其中的差别，他知道的是，妈妈跟李阿姨每天都会聚在一起聊天。他以为那就算兄弟姐妹了。因为妈妈之前告诉过他，兄弟姐妹就是要在一起生活的人。

妈妈笑了，说："兄弟姐妹是跟你有同样的爸爸和妈妈的人。"

"那如果我喊小琪的妈妈叫'妈妈'，小琪会成为我的妹妹吗？"

妈妈这次不知道该怎样解释了。

她想了想，对天天说："宝贝，兄弟姐妹是跟你基因最相似的人，你们有无法割舍的血缘关系，这种关系谁都没办法替代。"

天天似懂非懂。不过，他至少明白了一点，就是兄弟姐妹的关系很特殊。

当人们聊起二孩话题时，总会提起家庭资源的问题。很多人认为，一个家庭决定要二孩的话，对大宝来说，是一种损失。因为这个家庭留给大宝的资源可能会减半，很多东西都可能减半。

我们可能听到过这样的论调："我要把所有的爱和所有的钱都留给我唯一的宝宝。"

这种观点非常普遍。持有这种观点的人，忽视了一个非常重要的问题，那就是，拥有一个至亲的兄弟或姐妹，远比其他财富更珍贵。

要知道,父母与你只有一半基因是相似的,子女一般也只继承父母一半的基因,但兄弟姐妹,他们拥有与你最为相似的基因。有时,当父母或子女无法理解你时,你的兄弟姐妹却可以。

虽然在新闻报道中,我们会看到一些案例,由于种种原因,兄弟反目、姐妹成仇,但这样的案例只是少数。究其根源,可能是从一开始父母没能打好感情的基础,父母过分偏心、教育的缺失等,造成了原本最为亲密的兄弟姐妹之间产生了隔阂。

当一对父母在决定生二孩时,他们想要的不会是这样的结果。

那么,从一开始,从第二个孩子诞生时,就告诉两个孩子,他们分享着相似的DNA,他们血浓于水。物质财富可能会随着时间消逝,但兄弟姐妹之间的血缘关系是永恒的。这是不灭的财富。

心跳与心跳的欢乐交响

清清买了一个胎心监护仪,本意是可以随时监护胎儿的情况,免得胎儿出现状况自己还不知道。但没想到的是,这个胎心监护仪竟然成了大宝与二宝的"交流工具"!

"他的心跳可真快!"儿子听着从胎心监护仪传出来的声音,兴奋地说,"比我的心跳快多了!"

清清问:"你能听得见心跳?"

儿子摇摇头,说:"听不见,但是我能感觉到。"

清清微笑着看着儿子,不知道儿子是不是真能感觉到。

她想起来,上个月,儿子还只觉得她的肚子像个好玩的球;而现在,儿子已经把她肚子里的胎儿当成一个小生命了。这全是这个胎心监护仪的功劳。

胎心监护仪监护的是胎儿的健康,但从她大儿子的角度来看,这个胎心监护仪更是观察胎儿成长的窥视镜。透过这个窥视镜,他能感受到这个胎儿的成长。

清清在无意间做了一件对大宝而言非常有益的事情,即让大宝参与孕育胎儿的过程中。

这与父亲对胎儿的关爱不同。大宝是处于成长阶段的孩子,对于二宝的成长,他其实是好奇多于关心的。对他来说,孕育生命是一件很神奇的事情。让他参与到这样神奇的事件里,对他日后的成长非常有帮助。

他会知道,自己曾经也是这样,在母亲的身体里悄然孕育;离开母亲的身体后,从一个只会哭闹的小婴儿慢慢长大。他将看到弟弟或妹妹重复自己曾经历的过程。

他通过胎心监护仪听到母亲体内那个宝宝的心跳,似乎也能感受到自己的心跳。对妈妈来说,这两个孩子都是心爱的宝贝。这此起彼伏的心跳声将在这个家庭里奏响欢乐的乐章。

在未来的日子里,这两个孩子会一同成长,他们一起上学,各自毕业,工作后也可能相互扶持。而无论未来的路如何、走多远,他都可能记得,这一切始于童年,通过一个胎心监护仪形成联系。

一个家庭要养育两个孩子,最重要的就是要让两个孩子学会相互关爱。哪怕由于代沟或别的原因,父母站在他们的对立面,也要让他们站在同一条战线上。只有让两个孩子学会合作、相互关爱,教育才是成功的。

要想实现这样的教育成果,应该从一开始就把他们联系在一起。利用心跳只是其中一个方法,而不管用什么方法,都要保证不让一个孩子在另一个孩子的成长过程中缺席。

1.4 孕晚期，大宝出现"反二孩的心理"怎么办

事实上，不论准备工作做得多么充足，前期的心理疏导做得多么到位，大宝都很有可能出现"反二孩的心理"。对此，父母千万不要责备大宝不懂事，要清楚地认识到这是一个非常普遍的现象。大宝的任何一个行为都不能简单地归结于不懂事。父母必须耐心疏导，帮助大宝顺利走过这段时期。

妈妈是不是不爱我了

在怀孕第八个月的一天，凤妈妈在女儿放学回家后，照常让女儿对肚子里的小妹妹打招呼。

女儿是个性格开朗的女孩，之前总是对着妈妈的肚子跟小妹妹聊天。甚至还说过，等小妹妹出生后，带小妹妹一起去逛公园。但今天她并没有如往常那样，而是板着脸回了房间。

妈妈心中纳闷，不知道自己的女儿怎么了。她去敲了敲门，但房间里没有回应。

于是，她在提前招呼的情况下，直接开门走了进去。

出乎意料的是，她看到女儿正窝在床上不停地哭。

是不是在学校里受了什么委屈？

她走过去，问女儿："学校里有谁欺负你吗？"

女儿摇了摇头。

"是挨老师批评了吗？"

女儿仍然摇头。

她想不出来还有什么事情能让女儿这么伤心。

这时候，女儿抬起头，泪眼婆娑地看着妈妈，问："你是不是不喜欢我了？"

妈妈很意外，问女儿："为什么这么问？"

"今天你没给我带水果，月月说因为你要生妹妹，不想要我了。"

风妈妈终于明白了。

每天女儿上学，她都会给女儿装好水果，但今天因为身体实在疲惫，忘记了装水果，才惹得女儿这么伤心。

这只是个诱因。回想一下，女儿的态度很早之前就出现过异样，只不过风妈妈太过关注自己的胎儿，而忽略了女儿的心理变化。

对于孕育二孩的家庭来说，最大的困难就在这个地方。

如果是头胎，夫妻二人可以全心全意照顾这个胎儿，妻子可以在孕期少做事情，少想事情，安心养胎，家里的很多事情都可以推给丈夫。

但要二孩后不一样了。在孕育二孩期间，父亲为了给两个孩子创造更好的生活条件，会把更多的精力放在工作上。母亲本就因怀孕而身体机能下降，与此同时，她还必须照顾家中的大宝。

在这种情况下，一不小心，就可能对大宝照顾不周。

在母亲怀二孩期间，大宝的情绪本来就容易产生波动，再发生照顾不周的情况，那就如同炸弹被引爆，"轰"的一声就爆开了。

发生这种情况，不要慌，更不要责怪大宝不够体谅，孩子闹情绪是非常正常的表现。这并不代表对大宝教育失败。只要及时采取行动，让大宝明白来自父母的爱并没有减少，大宝的不良情绪很快就会消散。

这时候，如果父母怪孩子不懂事，训斥大宝，那才有可能对大宝造成不可逆转的伤害。

增加以家庭为单位的活动

在小君怀孕第八个月的时候,她的身体已经开始感到笨重,不适合进行太多活动或者去太远的地方。几个月来,为了顺利生产,她都遵照医生的嘱咐,每天适当出去散步。老公因为担心她的安全,总是陪在她身边。某天,她忽然意识到,已经很久没有陪女儿出去玩了。

她知道这些日子以来,女儿的情绪一直不是很好,不知是否与她肚子里的宝宝有关。所以这一天,她决定等女儿从幼儿园回家后,带着她一起逛公园。

公园距离她家不算远,所以逛公园是目前最适合他们全家一起进行的活动。

在公园里,她自己在一旁散步,老公则带着女儿去球场打羽毛球。

女儿只有5岁,还不怎么会打羽毛球。但在跟父亲一起打球的过程中,她这些日子的阴霾情绪都一扫而光。

准备回家时,女儿忽然跑到妈妈身边,摸着妈妈的肚子问:"小宝宝,你今天觉得开心吗?"

小君跟丈夫都忍不住笑起来。

小君想起女儿很久没有主动过来摸自己的肚子了。她想,大概因为一直以来忽略了女儿,才会出现这样的情况。今天的活动让女儿重新感受到了家庭的温馨,女儿对二宝的敌意也随之消失。

孩子的想法很简单,他们只有在感觉到自己有危机时,才会对造成他们危机的存在释放敌意。而造成这种危机感的往往是父母本身。因此，这种危机感，也要靠父母来消除。

适当地进行一些以家庭为单位的活动，让大宝明白自己并未被抛弃，明白家庭是一个整体，那么，大宝对二宝的敌意自然而然就消失了。

孩子的行为大多数是在模仿父母，父母怎样对待孩子，孩子就怎样对待其他人。那些对待弟弟或妹妹非常温柔的孩子，他们往往出身于一个充满关爱的家庭。自己不缺爱，才有足够的爱意释放给其他人。

有时候，亲朋好友的作用能超出你的想象

周末，张阿姨来到妞妞的家里，带了很多水果和零食，全都是送给妞妞的。但妞妞并没有因此而开心，她刚刚跟母亲发生了争吵。

因为一些鸡毛蒜皮的事，比如，母亲未经允许，把她的玩具收了起来。

"妈妈说担心这些玩具不利于没出生的弟弟，妈妈心里只有弟弟，根本没有我！"

"那你觉得这些玩具对弟弟有没有危险呢？"张阿姨问。

妞妞不甘心地点了点头。

"那你为什么还生妈妈的气呢？"张阿姨说，"你知道吗？在你刚出生时，你的妈妈因为担心你的健康，连她最喜欢吃的零食，她都一直忍住不吃。"

妞妞不说话了。

在张阿姨离开之后，妞妞主动找妈妈承认了错误。

这样的对话是家庭中的一个寻常片段。张阿姨没有因为孩子

的观点幼稚而加以简单驳斥，而是对妞妞说了一个事实。这个事实改变了妞妞的想法。她原本以为，妈妈收起她的玩具，是因为妈妈只爱弟弟，不爱她。听了张阿姨的话后，她才意识到，在她小的时候，妈妈也同样担心她的安危，就如同现在担心弟弟那样。

这看起来是一件小事，小到父母不会多花一秒钟去思考。但是从孩子的角度看，亲朋好友的话在孩子的心里起到了很大的作用。

让美好的回忆发挥作用

宋辉有一架用了5年的相机。相机记录了从妻子怀大宝，到大宝逐渐长大的点点滴滴。现在妻子怀了二宝，宋辉又开始用这架相机记录第二次的孕育过程。

让他苦恼的是，在他为大宝拍摄照片时，大宝从最开始活泼、快乐的样子变成现在每天沮丧的样子。

"你以后别再拍我了，"有一天，5岁的女儿对宋辉说，"反正你只想要小宝宝。你现在就只顾着拍妈妈的肚子。"

宋辉这才反应过来，随着妻子肚子的逐渐增大，他们夫妻对女儿有些忽视了。

在检讨自己的同时，他需要立刻找到办法安抚女儿的情绪。

于是，几天后，在周末的下午，宋辉把家里的窗帘都拉上，给妻子和女儿看了一场幻灯片秀。

幻灯片都是他过去5年里拍的照片，内容则都是他们一家三口的点点滴滴，包括当初他照顾怀着女儿的妻子的照片。

一边放幻灯片，宋辉一边给女儿讲当年他如何欣喜地等待女儿出生。

女儿嘻嘻哈哈地指着那些照片，看到她出糗的照片时，她连忙把脸捂得严严的。

从那天起，女儿又恢复了往日的活泼。

幻灯片是宋辉自己做的。其他家长如果没有宋辉的技术，也不用非得做幻灯片。回忆是每个家庭都有的东西，可以信手拈来。有时候，回忆是修复感情的良药。

对于小孩子来说，他们其实并没有多少回忆，他们有的只是一些模糊的记忆片段和从父母口中听来的故事。

当孩子感到被忽视，感到失去了父母的爱时，父母在及时补救的同时，也可以利用回忆告诉孩子，他们从来没有停止过爱他。

可以用那些父母口中的回忆让孩子明白，现在的小宝宝在经历的事情，过去他也经历过。父母现在怎样照顾这个小宝宝，当年就是怎样照顾他的。父母从来没有减少过对他的爱，唯一的变化是他已经长大了。

26

第二章
为迎接二宝，要做好准备工作

当面对即将到来的变化时，心理上的适应远比物质上的准备更加重要。未雨绸缪总能避免关键时刻手忙脚乱。在生二孩这件事上，准备的过程是一个幸福、快乐的过程，也是一个增进家庭成员间亲密关系的过程。

2.1 亲爱的大宝，二宝是爸妈送给你的礼物

经过漫长的等待，一个新的生命终于要来到大家的身边。这是最重要的时刻，也是最不能掉以轻心的时刻。一方面，父母要做足准备，迎接生产；另一方面，不能忽略大宝的感受。要时刻记得，当二宝出生时，应当是全家人都开开心心的日子。

产妇住院期间，尽量让大宝来探望

幼儿园里，一向活泼、开朗的圆圆最近变得情绪很不好。哪怕在活动期间，平时跟小朋友一起玩得特别开心的他，也显得不那么合群，自己找了个角落独自玩耍。

老师对他的情况很担心，于是私下里悄悄问他："究竟发生了什么事？"

听到老师关切的询问，圆圆的眼圈变得通红，他委屈地说："我的妈妈和爸爸不要我了。"

"为什么这么说呢？"

"他们把我丢在奶奶家，奶奶说他们在等着迎接弟弟（妹妹）出生。"

"那你难道不想看到弟弟（妹妹）到来吗？"

天真、单纯的圆圆摇了摇头，说："他们都不让我去看看，他们只想要弟弟（妹妹），根本不想要我。"

说着说着，他的眼泪开始啪嗒啪嗒往下掉。

圆圆的妈妈因为要生二宝，临近生产开始住院，爸爸得去陪护。

这时候,只能暂时把大宝送去奶奶家,等生完二宝,再把大宝接回来。

这个做法本身并没有错,但问题在于,圆圆的父母不该把大宝与生二宝这件事隔绝开来,就好像整个事情跟圆圆没有一点关系。

怎么可能没有关系呢?那可是他的弟弟(妹妹),是未来要陪他一同成长的伙伴啊!这个伙伴的出生过程怎么能没有哥哥的参与呢?

小孩子的心灵是脆弱而敏感的,需要父母用无尽的爱和理解去呵护。如果让大宝觉得父母在生二宝这件事上完全避开了他,那么必定会认为父母为了生二宝而遗弃了自己,甚至认为在生二宝这件事情上,自己只是一种碍手碍脚的存在。这在小孩子的心灵上会造成无法弥补的伤害!

处理事情的方法因人而异。针对活泼、开朗的孩子,父母可以对他说生二宝是给了他一个玩伴。针对性格内向、沉稳的孩子,父母也可以说给他找了一个陪他讲话、玩耍的同伴。不论孩子的性格如何,在生产这一环节,都不该避开他。

当幼儿园或者学校放学时,完全可以带大宝去医院看看,并告诉他,爸妈的第二个孩子就要降生了,他就要拥有一个弟弟或者妹妹了。二宝的降生绝不仅仅是父母的事情,更是与大宝息息相关的事情。因为即将到来的这个孩子不仅是父母的第二个孩子,而且是大宝一生的伙伴。

别因为生育二宝而忽略大宝的成长

和很多孩子一样,洛洛的童年是在各种特长班的"轮番轰炸"中度过的。他是个听话、懂事的孩子,也很要强。他接受父母对他的这些培养,学武术,学钢琴,学书法。他希望自己可以成为父母心目中那种全面发展的优秀的孩子。

在他9岁那年，父母决定生二孩。

这本来是件好事，但二宝出生的前几个月，正是洛洛备战钢琴考级的关键时期。

对于这场考试，洛洛心里没有把握，所以内心很焦虑。钢琴老师希望洛洛每个周末都能去练习。但那段时间正好是妈妈的孕晚期，爸爸经常跑医院，家里人似乎不再关心他的考试，所以他经常旷课，没能很好地练习。

洛洛感觉自己好像热锅上的蚂蚁，喉咙一直有炎症。到了考级那天，由于疏于练习，再加上多日来的沮丧心情，他没能考过。

二宝出生，全家人都在庆祝这个新生命的到来，洛洛自然也很开心，但在开心的同时，无法避开心中的落寞。

这个事件让人非常遗憾。家家户户都可能遇到过让人焦头烂额的情况，仿佛所有的事情都赶到一起了。二孩家庭与一孩家庭最大的区别就在于，在生二孩的过程中，家中的大宝也正处于需要认真培养的关键时期。

孩子的教育时刻都不能放松。可能有些父母认为，放松几个月没什么大不了。但就是这几个月的松懈，可能让大宝感到失落和困惑，甚至遇到困难。当大宝渐渐长大，他可能会这样认为，影响自己成长的不是别人，就是这个二宝。

如果这一切的发生不可避免，那么起码要在意孩子的感受，告诉他家里正处于什么样的状态，向他道歉，请他理解。无论什么时候，如果对孩子的内心感受视若无睹，都会对孩子产生伤害。

1＋1不等于2

关于生二孩,在有些人看来,不过是家中多添一双筷子的事情。而在另一些人看来,则是多了一份麻烦。一个"小魔王"已经让人抓狂无比,当变成双份,那简直是人间噩梦。

这两种想法其实都对,但是也都有不对之处。

我们从小学到的最基本的数学概念便是1＋1等于2,但人并不是冷冰冰的数字。当家中的宝宝从一个变成两个,那么连带而来的许多事情并不仅是1＋1等于2,有时候会大于2,有时候又会小于2。要具体问题具体分析,而且要看父母是否有足够的耐心。

家中有两个孩子的某朋友说过这样一件事情。那是在二宝6个月大的时候。当时,爸爸的工作单位正处在紧抓效益的时期,爸爸每天都忙到很晚。妈妈又刚好生病了。虽不是什么大病,寻常的感冒、发烧而已,但当面对一个吃喝拉撒都需要她照顾的二宝和一个可能处于叛逆期的大宝时,她还是感到力不从心。

小宝宝的用餐时间与成年人不同,必须按照医生嘱咐的食谱,隔几个小时就喂一点营养餐。当时,妈妈身体不适,依然坚持照顾宝宝,在给宝宝喂餐时,不小心手一抖,勺子送得深了些,弄痛了小宝宝。小宝宝顿时大哭起来。如果在平时,她肯定立刻把二宝抱起来哄一阵子。但她现在连自己站直身都困难,更别说抱二宝了。原本就身体不适的她心急如焚,不禁对着二宝哭了起来。

这时候,在另一个房间里写作业的大宝来到屋内。当弄清楚眼前的情况后,她来到二宝面前,开始做各种滑稽的表情。二宝一开始还在哭,接着愣了一来,再接着,他就"咯咯"地笑了起来。当他笑时,脸上还挂着亮晶晶的泪珠。

后来，这位朋友每次提到这件事情时，眼睛都是湿润的。她说那是她第一次看到大宝的另一面。在那之前，她只知道大宝是个任性的孩子，经常因为莫名其妙的事情对父母发脾气。在怀二宝期间，大宝经常说出不想家里再多一个人的气话。当二宝哭闹时，妈妈本以为她会嫌烦，没想到她竟然主动过来哄二宝。

在后来的日子里，妈妈发现大宝经常悄悄地关心二宝。比如，在爸妈看不到的地方，对着二宝做滑稽的表情，逗得二宝直笑。比如，不知什么时候，大宝的汽车玩具会出现在二宝的床头。

当问起为什么大宝会出现这样的转变时，朋友想了想，说大概是因为从头到尾，家里人对两个孩子都给予了同样的关爱吧。

家有两个孩子，麻烦当然少不了，但欢乐同样不会少。这从来都不是一道数学题，就算是，也更像是立体几何题。如果把一个家庭比作三角形，当三角形平面的上方多出一个点，当然不只是多出了一个点，还会带来很多变化。

别把问题想得太难，但也别想得太简单。当家庭结构改变，那不是多一双筷子或者多一份麻烦，而是多了一个与每个家人相连接的支撑点。

每个人都彼此相连，这才是家庭的意义。

二孩来到家中，家庭的责任变得更大了，负担变得更重了，但每个人的心里都多了一些感动。麻烦多了，感动也同样多了。这其中的数值，要如何计算呢？

2.2 为家里将发生的变化做好铺垫

人生的事情有千万种，其中有两件大事，一是结婚，二是生子。之所以将两者并列，是因为它们都能改变一个人的生活状态。

有些人在结婚之前会恐婚，与其说是惧怕婚姻，某种程度上不如说是惧怕改变。他们已经习惯单身时候的生活节奏，无法想象结婚之后，他们的人生会变成什么样子。更无法想象，当出现一些他们没接触过的状况时，该如何处理。而生子也是一样。当一个家庭多一个新的生命，那必然会带来翻天覆地的变化。很多人因为惧怕这些变化，干脆连孩子都不生了。

其实变化并不可怕。只要对自己、对家人充满信心，就没有什么能够难倒你的。

一言一行中的缓慢渗透

总有人觉得生二孩是一件自然而然的事情，就如同生第一个孩子时那样。那时候，他们没有做过铺垫，所以第二个更不需要做铺垫。最多在怀孕期间就买好婴儿的衣服和婴儿床，细心些的父母可能还会把婴儿的房间好好布置一番。这些做法当然很对，但远远不够。

想一想，孕育大宝的过程中，妈妈会处于怎样的状态？

"我的宝贝就要出生了，我要当妈妈了！"

"我应该学习烘焙，多看些做菜的书，以后每天给宝宝做好吃的！"

"努力赚钱，给宝宝营造更好的成长环境！"

……

这些是大多数怀孕期间的妈妈会有的心理活动。到了生二宝时，你们想过大宝会有什么心理感受吗？

"妈妈的肚子越来越大了，像个皮球一样。"这大概是许多大宝的想法。

与父母相比，大宝的想法是不是过于淡漠了？可他怎么会积极呢？他又不像父母一样，对生宝宝这件事有那么全面的认识。

曾经有一个家长，在他家二宝出生期间，遇到了一个许多生二孩的家庭都可能遇到的问题：大宝极度不配合。

是怎样不配合呢？比如，很多小宝宝都需要用纸尿裤。有时候，当小宝宝的纸尿裤脏了，妈妈或爸爸就要帮着换一张纸尿裤。如果家中只有一个大人，当换过纸尿裤后，大人要抱着宝宝安慰一会儿，往往脏的纸尿裤就被丢在一边。当然，只是几分钟的时间。当哄好了二宝之后，妈妈会立刻把脏的纸尿裤丢到垃圾桶。就是这几分钟的事情，这家的大宝就不愿意了。

"怎么这么难闻！讨厌死了！"

这种话被父母听到了，父母自然是很伤心。一边是怀中可爱又可怜的二宝，一边是嫌弃二宝的大宝，仿佛二宝才出生不久就被欺负了，欺负他的还是自己的亲哥哥。

更有甚者，当二宝躺在床上，等待父母照顾的时候，大宝竟然直接跑过去，对二宝说："你自己来！别什么事情都让别人给你做！"

这句话，就是父母曾经对他说的。

父母埋怨大宝，认为大宝太不懂事，没有爱心，甚至认为大宝心地不好，对待大宝愈加冷淡。这样做只会让大宝对二宝的敌意更强。

其实,这个大宝并不恶毒。相反,他很有爱心。在幼儿园时,他曾经亲吻同学的伤口以安慰对方。为什么面对自己的亲弟弟时,他的态度却这样不友好?

因为父母从来都没有告诉他,弟弟就是这个样子的。一直以来,他虽然知道家中会来一个弟弟或者妹妹,但爸爸妈妈说的都是给他生个小伙伴。小朋友的想法很天真,他脑海中的小伙伴,就是幼儿园里那些会与他一起玩耍、吃饭、聊天的小伙伴。他怎么知道真正到来的是一个只会哭哭啼啼,连站都站不起来的"小麻烦"呢?

因此,在怀孕期间,可以与大宝聊聊这件事。一个生命的诞生,除了美好的期待,必然伴随着甜蜜的负担。从怀孕开始,就告诉大宝,婴儿会如何表现,家人该如何对待等。这样,大宝的态度可能会有所不同。

做任何事情都需要做足准备,估计好后来的各种状况。新手妈妈生宝宝前都需要阅读大量的育儿书籍,大宝在面对婴儿时又怎么能应对自如呢?

家中多出一个成员,这是全家人的事情,只有父母做足心理准备是远远不够的。多跟大宝聊一聊,多说说婴儿的事情,说说家里将会发生的变化,一定会有意想不到的效果。如果你不知该如何聊起这些麻烦事,可以找一个温馨的方式,和大宝一起回忆他小时候的趣事和糗事。在轻松、温馨的氛围中,大宝会懂得,这些细节都是这个家庭里最动人的记忆片段,是他们共同拥有的财富。

如果大宝问你,既然这么麻烦,为什么还要生这个小宝宝呢?

"因为他将会成长为跟你一样可爱的宝贝啊!"

做父母的完全可以这样回答。

从影视和文学作品中寻找依据

不要忽视影视和文学作品的力量。虽然很多人认为它们只是消遣，但在潜移默化间，我们的思想很可能被这些作品影响了。大众传媒对人的影响和塑造可能超乎我们的想象。

美国有一部电视剧叫作《星际迷航》，讲的是一艘飞船遨游太空的故事。这部电视剧在播出时，受到了许多青少年的喜爱。后来，其中一些人进入了美国航空航天局工作。在回顾自己的职场经历时，他们中的许多人都说受到了《星际迷航》的影响。

别低估那些优秀的影视和文学作品的力量。

A女士说过，在她怀二宝期间，她总是拉着大宝一起看一部叫作《钢之炼金术师》的动画片。

"我想跟他一起看《英雄》来着，"A女士笑着说，"但是小孩子不喜欢看这样的作品，所以就陪他看动画片。刚好，这部动画片，我也很喜欢。"

这部动画片很精彩，主要讲的是一对兄弟的故事。他们遇到很多困难，有很多凶险的经历。但不论到什么时候，唯一不变的就是这两个人的兄弟情。哥哥关爱弟弟，弟弟信任哥哥，两个人相互扶持，有许多令人感动的瞬间。

很多次，A女士家的大宝都看得鼻涕一把，眼泪一把，并且坚定地告诉妈妈，他也想成为动画片中主角那样的人。

"那么，妈妈肚子里的小宝宝出生后，你会像动画片里哥哥对待弟弟那样吗？"大宝郑重地点了点头。

比起那些只会一味地警告孩子"等二宝出生之后，你得多让着他"的父母，A女士用一种最简单的方式，教会了自己的孩子什么是善，什么是关爱。

事实上，该动画片并不能起到让孩子在娱乐中学到知识的作用，但可以把一颗善良的种子埋在大宝的心里。最重要的是，这样的故事可以让大宝意识到，有一个弟弟或妹妹是多么棒的事情。

其实，不一定是动画片。如果是年纪稍微大一点的孩子，也可以给他们看一些成熟的文学作品。比如，《巨人的花园》《快乐王子》《小王子》等。这些作品里虽然没有描写兄弟姐妹的情节，但都教会了我们该如何去爱他人，教会了我们该怎样珍惜生活。

在线视频网站上那些大宝宝和小宝宝互动的视频，也可以经常拿来给大宝看一看。一些有爱的互动，不仅温馨、可爱，更能给大宝留下这样才是与小宝宝正确互动的印象。

哈利·波特系列是"80后"这一代父母从学生时代就开始看的作品。即使到了今天，该系列作品在青少年中依然保持着很高的知名度。这部作品中有一对双胞胎兄弟，他们总是形影不离，在一起搞恶作剧，一起嬉闹，也一起战斗。虽然他们偶尔会捉弄别人，但那只是些无关痛痒的小动作。当看到这两个人互动的情节时，谁不希望自己也有个这样一起玩耍的兄弟呢？

让大宝看这类作品的同时，也是家长为两个孩子树立正确亲情观的好机会。在两个孩子年幼的时候，成长中琐碎的事件会让我们的脑海中失去一些美好的画面。静下来看一看这样的故事，再回头看两个孩子抢玩具时哇哇大哭的情景，或许那样的情景并不全是麻烦和苦恼。这就是人生。回过头看，点点滴滴都是美好的回忆。

对于两个孩子来说，父母不是主宰者。两个孩子是一起成长的兄弟或姐妹。幼年发生的小摩擦，都算不上什么。父母要做的，是教会他们积极面对。接下去的一切，都由他们自己解决。

开始习惯任何东西都要双份

当面对即将到来的变化时，心理上的适应远比物质上的准备更加重要。未雨绸缪总能避免关键时刻手忙脚乱。在生二孩这件事上，准备的过程是一个幸福、快乐的过程，也是可以增进家庭成员间亲密关系的过程。

在当今社会的家庭里，孩子都是重中之重。一旦小宝宝降生，父母几乎什么都要给宝宝最好的。没有什么比宝宝的笑声更美好的声音，没有什么比宝宝心情愉快更重要的事情。

在这样的家庭环境中长大的孩子，他会自然而然地觉得自己是这个家庭的中心，一切都是为他而准备的，一切都独属于他，包括爸爸妈妈的爱。而二宝的到来，必然要打破这个平衡。这一点，父母应该提前想到，并帮助大宝做好心理准备。

如何在二宝到来之前，让大宝逐渐适应、了解这个家并不是以他为中心，逐渐接受分享的概念？这需要家长耐心、细致的教导，但不能过于死板和直接，不能让大宝产生父母在强迫他放弃独享权的感受。

"我是从多买一个安全座椅开始的。"谈到给大宝做心理准备时，刘女士这样说道，"坐在车里时，我问欣欣，你知道旁边那个座椅是给谁用的吗？她特别机智地回答我，是给妈妈肚子里的小宝宝用的！"

那时候，欣欣还没有想太多，只是觉得很好玩。但接下来，家里发生了许许多多类似的变化。

39

"给欣欣换牙刷的时候，我会多买一支小的。欣欣很机灵，知道是给小宝宝准备的。每次我们这样做，对于欣欣来说，都像在做游戏。"

刘女士当时正怀着二宝。随着肚子越来越大，这样的铺垫行为也越来越频繁。后来，在她怀二宝第八个月的时候，有一天，爸爸在吃过早餐后，如往常那样亲了欣欣的额头一下，接着又亲了亲刘女士的肚子。

"欣欣的表现一开始怪怪的，但随后她就明白了，那就是爸爸的亲吻也变成了双份的。"刘女士说。

在孩子的内心植入一个概念是一件不容易的事情，必须小心翼翼，而且要慢慢来。很多时候，孩子的心比我们想象得更加脆弱，一不小心就有可能造成不可逆转的伤害。

当父母意识到哪些行为可能会给孩子带来伤害时，就要提前做好准备。刘女士从多买一个安全座椅开始，一步一步铺垫，一步一步向前推进。在有些人看来，这些都是不必要的行为。但对于幼小的欣欣来说，这些都是来自父母最深的爱。

一对优秀的父母，必然是两名优秀的幼儿心理大师，他们得时刻掌握孩子的心理变化，让孩子在最舒适和最安全的环境中长大。

这个准备过程不仅是针对大宝，更是给了父母一个适应和改变的过程，因为他们要从只宠爱一个孩子变成把爱分成两份。这方面必须得多多练习，因为一不小心就可能会造成天平的倾斜。

自然，人可能会偏心，可能有喜爱上的偏差。但至少，在行为上，在表达上，要做到不偏不倚，这才是对两个孩子的公平。

2.3 二宝出生那天，请准备两份礼物

别用年龄当借口不让大宝玩

在二孩家庭里，往往出现一种奇妙的现象，当大宝打算玩什么或者打算看什么时，父母往往会说："你都这么大了，还玩什么玩！"而父母口中的"这么大了"，有时候只是五六岁而已。

当然，这种现象并不只存在于二孩家庭。在独生子女家庭中，有时候也会出现。比如，一些父母比较严厉，希望孩子能尽早懂事，而自己则把更多的时间用在事业上。在二孩家庭里，这种现象发生的概率会高一些。因为那些对于大宝来说"这么大了不能玩"的玩具，小宝宝正在玩啊！

玩具也好，动画片也好，真的存在因为年龄太大而不适合玩或不适合看的情况吗？超市里的零食真的只有小孩子才喜欢吃吗？电视上播放的动画片真的只有小孩子才能看吗？看到小孩子骑的木马，成年人就没有要上去试玩一下的冲动吗？

用年龄作为理由禁止一个人做他内心想做的事情，这是一种思维固化的不合理限制。这世上本没有什么"你太大不该玩"的东西，只有"你已经不喜欢玩"的东西。

王女士的朋友很多，在怀孕期间，这些朋友给她送来了许多小孩子需要的东西，比如小衣服、婴儿用品、婴儿玩具等。玩具多数是摇铃之类对婴儿而言安全的东西。王女士收到这些东西后，把它们放在了一个专属的柜子里。这个柜子是专门为她未出生的宝宝预

留的。

王女士的家中还有一个4岁的大宝。大宝看到这些玩具，也很喜欢，可是妈妈根本不让她碰。一次，她趁妈妈不注意，偷偷打开了那个柜子，挑了几样她喜欢的玩具，并藏在了自己的被子下面。

当然，大宝的小动作很快就被妈妈发现了。王女士很生气，认为女儿在偷玩尚未出生的二宝的东西。她从没对女儿这么失望过，把女儿严厉地训斥了一通。女儿只是默默地哭泣，没有反驳，也没有认错。

那天之后，女儿明显变得沉默寡言了。每次，当家里谈论起对二宝的期待时，她只是一个人悄悄地躲在一边，抱着旧的布娃娃，一言不发。

王女士的女儿做错了什么呢？她也才只有4岁啊。看到新的玩具，当然很希望拿来玩一玩，哪怕那些都是婴儿专属的东西。为什么家里人不像以前那样在意她了呢？

仿佛一夜之间，大宝在这个家里就变得透明了。当谈论起家里的孩子，往往指的是那个尚未出生的小宝宝。叔叔阿姨送来的礼物，爸爸妈妈新买的玩具，这些都只属于小宝宝。至于她，那个摆在商店橱窗里的心爱玩具，爸爸妈妈始终没有给她买回家。

王女士也很委屈，明明那些都是婴儿的玩具。女儿都已经4岁了，家里的各种拼图、积木等适合女儿的玩具不少，为什么女儿非要去"偷"小宝宝的东西呢？

在这里，王女士犯了一个绝大多数家长都容易犯的错误，就是把大宝和二宝的定位分开了。在她的心目中，大宝已经4岁，是大孩子，二宝出生后是个婴儿，是需要全家呵护的小宝宝。大孩子只能玩一些成熟的东西,如果大孩子去跟小宝宝抢东西,那么她就是一个坏孩子。

在心理学上,这是一种锚定的效果。同样4岁的孩子,在独生子女家庭里,父母会认为自己的孩子还很小;但在二孩家庭里,父母会觉得这个孩子已经不小了。因为前者对照的是父母自己,后者对照的是更小的那个宝宝。所以,在二孩家庭里,往往老大会比同龄的独生子女更加成熟,就是因为父母的对待方式不同。

大宝是无辜的。凭什么家里来了更小的孩子就要被区别对待呢?如果父母能认识到,4岁的孩子和2岁的孩子同样都是小孩子,同样需要父母温柔对待,那么父母的做法必定会不同。

4岁的孩子很大了吗?一点都不大。他可以玩婴儿的玩具吗?当然可以。只不过一般家长会选择更加有趣味性的、符合他们智力发展的玩具给他们。如果这时候家里出现了新鲜的婴儿玩具,大宝想要拿过来玩,那也没有什么不对的。

不要责怪孩子幼稚,更不要怪他那么大了还抢婴儿的东西。要记得,对一个只有几岁的孩子来说,完全不存在"那么大了"的问题。他还小,他还是孩子。你可以培养他的责任心,教会他爱护弱小,告诉他要勇敢,要坚强。但是不要因为他"那么大了",就禁止他做十分想做的事情。家庭是他的港湾,他有权在家里感受到绝对的快乐和绝对的自由。

语言的伤害最是刺人

二宝的出生是全家人的大喜事。全家人,包括每个人。可有些家长太过粗心,在这大喜的日子里,忽视大宝的存在,给大宝带来本可避免的伤害。

妇产医院里每天都是忙忙碌碌的,到处都是小孩子的哭闹声和产妇的呻吟声。在这样的环境里,虽然不会冲淡生子的喜悦,但也容易让人的情绪变得烦躁。

那是于女士生完孩子的第二天,她的身体仍处于恢复中,行动不方便。刚出生的宝宝就躺在她身边的婴儿床上,安静地熟睡着。这时候,孩子的奶奶来到病房,身边还带着于女士8岁的女儿。

女儿是个很懂事的孩子,她看到妈妈脸色憔悴地躺在病床上,十分担心,就来到病床边询问妈妈的情况。

"我没事。你怎么来了?"于女士皱起眉头问。她已经很疲惫了,不想再分出心神来照顾女儿。

"我想来看看你。"女儿说,"听奶奶说,你为了生弟弟受了很多的苦。"

"那都不算什么,你要看看弟弟吗?"

女儿点点头,绕过病床来到另一边,看到了婴儿床上熟睡的小宝宝。

"他真可爱呀!"女儿感叹道,"他可真小,又小又可爱!"

这时候,女儿做了一个动作,她俯下身,低下头去,亲吻了一下婴儿的脸。

这个动作把于女士吓坏了,她立刻抬起手,推开了女儿,把女儿吓了一跳。

"你干什么?"于女士厉声问。

女儿不知道自己做错了什么,很委屈地说:"我就是想亲亲他……"

"你不知道婴儿不能随便亲吗?"这时,她转向了孩子奶奶,"妈,你也真是的,带她来做什么啊!婴儿那么脆弱,万一感染什么病菌怎么办?"

奶奶只能一边安慰孙女，一边尴尬地打着圆场，几句话之后，就带着孙女匆匆忙忙地走了。而于女士还在为刚才的事情生气。

于女士护子心切，当时的她并没有意识到，这件事很可能会给她的女儿带来负面影响。

不是每个大宝都会莽撞地去亲二宝，也不是每个奶奶都会带大宝去产房，但是每个二孩家庭的大宝都会经历家中迎来二宝这个过程。在这个过程中，父母总是对婴儿的一切都高度紧张。不能亲，不能碰。喝的水不能太热，也不能太凉。盖的被子不能太薄，也不能太厚。有时候，有谁做错了什么动作，都会招来其他人的责备。

大宝也是孩子，不懂得那么多保护婴儿的细节。有时候，他会把自己心爱的糖豆拿给二宝吃；有时候，他会把自己心爱的小汽车拿给二宝玩。这些行为原本是充满爱心的，但往往会因安全隐患遭到父母严厉的责备，甚至谩骂。

如果回忆生命中的灰色时刻，大宝的这些时刻中，必然有二宝出生的那段时间。他可能会因为做错事而遭到责怪，仿佛对于这个新来的婴儿，他是个十足的反派。

请别这样对待他，他也是你的孩子。如果你足够爱他，就不要在这种全家都欢乐的时候伤害他。

当大宝做出莽撞的举动时，提醒几句，告诉他正确爱护婴儿的方式。最重要的是，父母不论多么喜爱这个新生的婴儿，都不要忘记对另一个孩子的爱。父母不要过于呵护一方，而忽视另一方，应该让大宝也加入这场迎接新生儿的喜悦中。要始终记得，你需要呵护的是两颗同样稚嫩的心灵。

你们都是爸爸妈妈的宝贝

二宝出生的这天，一个健康家庭的表现应是什么样子的？

这天，月月放学来到学校门口，看到了来接她的爸爸。连续几个月，都是爸爸来接送她。因为妈妈的肚子越来越大，行动已经有些不便，所以爸爸就肩负起接送月月的责任。不久，妈妈就为她生下了一个妹妹。

这一天，爸爸没有直接带月月回家，而是带着她往另一个方向走去。在途中，他们经过一家商店。爸爸带着她来到商店内，让她挑选一样她最喜欢的东西。

月月选了一个漂亮的音乐盒，接着爸爸让她再选一个。

"这次是送给刚出生的妹妹的。"爸爸微笑着对月月说。

听到这句话，月月开心地跳起来："妈妈给我生了一个妹妹！"

"所以，你需要给妹妹选一件礼物，你会选什么呢？"

月月想了想，拿出手里的音乐盒，说："我想把这个送给她。这是我今天最喜欢的东西。"

"那你自己呢？你不给你自己挑选一样东西吗？"

月月犹豫了片刻，最后拿起了另一个一模一样的音乐盒，说："我还是觉得这个是我今天最喜欢的！"

他们带着两个音乐盒来到医院。在途中，爸爸对月月交代了许多关于婴儿的事情，比如讲话声音不要太高，比如握婴儿的手不要太用力等。

等到了医院，妈妈开心地迎接月月的到来。而月月已经迫不及待要见见她期待已久的妹妹了。

其实，月月的父母没有做什么特别的事情，他们做的只是如往常那样对待月月。当来到商店时，爸爸首先让月月挑选她自己喜欢的东西，因为这是一直以来的常态。从前去玩具店，月月只要挑自己喜欢的东西就够了。但是这一次不同，因为家中多了一个宝宝，月月还需要给妹妹挑选一件礼物。

当家中迎来二宝，父母可以做许多事情，比如，多给二宝买点玩具，多给二宝一些拥抱和关心，但是不要因此而减少大宝原本拥有的东西。在给予二宝的同时，给予大宝的不应该减少。

爸爸仍然会拥抱大宝，只不过同时爸爸的怀里还会抱着二宝。虽然二宝占了一些空间，但这个拥抱因为二宝的存在而变得更加温暖。

要永远记得只能多不能少的原则。送给二宝东西的同时，也给大宝一份。物质也好，父母的关爱也好，这些都是父母应该给二宝的，而不是从大宝那边夺来的。这一点至关重要。

2.4 务必请亲友一起保护孩子的心灵

一句玩笑话造成的伤害

说起来很难理解,在我们的亲友里,总有这样一些人,他们心地不坏,也没有什么恶毒的想法,但就是喜欢通过惹孩子不开心来逗乐。每次孩子被惹哭了,他们就哈哈大笑,仿佛这是一件多么有趣的事情。

一直不明白,为什么把孩子惹哭能让人感到快乐?是这些人认为孩子的心灵不重要可以随便伤害,还是认为孩子年纪还小,就算哭闹也不是真的伤心?

这种事情经常发生。当一个家庭决定要二孩后,这种事情的发生频率就增加了。从此,一句话就经常会出现在大宝的耳畔:"等你妈妈生了弟弟就不要你了。"

一般情境是这样的:

一个家庭有了二宝,于是,这家大宝的姑奶、姨奶,或者是邻居家的阿姨,在见到大宝时,故意打趣:"你妈妈给你生了弟弟,她以后就不喜欢你了。"

大宝当然不会认同,于是反驳:"不会的,妈妈说了,会永远爱我的!"

"傻孩子,你妈妈骗你的。她现在每天忙着给二宝喂奶,根本没时间理你。"

"妈妈不会不理我的!我永远都是妈妈的好宝贝!"

"还好宝贝呢!如果爱你,她就不会要二宝了。以后,你家里什么都是你弟弟的,你什么都得让着弟弟。"

一般到这种时候,大宝已经承受不住,开始大哭起来。如果遇见比较坚强的大宝,那么这个亲戚还会升级,用更加具有刺激性的话来把大宝惹哭。就好像这是一场游戏,直到大宝内心崩溃才算"游戏结束"。

从未见过比这更恶劣的事情,但偏偏这种情况在许多家庭中属于常态。即使孩子哭得停不下来,父母也只会笑着把他抱起来,告诉他别人是在跟他开玩笑呢。

开玩笑,是双方都觉得这是一件有趣的事情。而将自己的快乐建立在别人的痛苦之上,这件事本身就是一个可恶的玩笑。

回忆起从前,小雪总是一阵感叹。

"我的童年可以说是不完整的,大多数时候都在伤心。那时候,我感觉整个世界都不要我了。"

对于造成这一切的原因,只能归咎于亲朋的胡乱开玩笑和父母的不负责任。

小雪的童年原本是幸福的,至少在6岁之前是这样。但是当一个人长大后,他往往更能记得那些让他悲伤、难过的事情。对于小雪来说,就是6岁之后发生的事。

在6岁那年,他们家里迎来了一个新的成员,也就是小雪的弟弟。小雪本来很喜欢这个弟弟,弟弟生来就胖嘟嘟的,十分可爱,小雪甚至连玩具都不喜欢玩了,每天只喜欢对着弟弟看。可没过多久,就总有些父母的亲友对小雪说,你家已经有了弟弟,你的爸爸妈妈不会再像从前那样爱你了。

而父母忙于照顾弟弟,对小雪的照顾粗心了许多。渐渐地,小雪陷入了一种无法排解的情绪中。她渐渐觉得,弟弟的到来是为了抢走原本属于她的东西,包括父母的爱。当面对弟弟那张可爱的脸,她的想法也越来越不一样。

随着弟弟的长大,她逐渐对弟弟充满敌意。当弟弟张开双臂找她玩时,她会故意不理弟弟,去找别人玩。对于她的行为,父母很不理解,对待她的态度也越来越不耐烦。到了青春期,她本就个性叛逆,再加上不和睦的家庭关系,她无法用心学习,最后未能考上心仪很久的重点大学。

"现在我跟弟弟的关系已经很好了,"小雪说,"毕竟,谁能比得上自己的同胞兄弟呢?回想小时候,那时候我真是傻啊,那么轻易就相信别人说的话,觉得弟弟真会抢走我什么。其实,弟弟什么都没抢过我的,反而是我因为疑神疑鬼一直活得不快乐。"

每次小雪这么说的时候,都让人觉得心疼。她把自己不快乐的人生归因于当初的她轻信别人的话。可是,那时候的她只是一个6岁的孩子,她要怎么判断什么是对,什么是错呢?那个时候的她,又怎么可能做出在她长大之后才能做出的正确判断呢?

语言是一把双刃剑,如果运用得好,就能让人快乐;运用得不好,就能直接刺痛人的心。哪怕对于成年人,语言的伤害都可能造成他的心理问题,更何况小孩子呢?

多站在孩子的角度去想想吧,对于那些以惹哭孩子为乐的亲戚,不来往也罢。对于那些认为带有伤害性的话语只是开玩笑的亲友,多沟通几次,告诉他们不要用这种话伤害孩子。

孩子是一个家庭的未来,保护好这个未来,是父母义不容辞的责任。

避开创伤和治疗创伤

其实,要避开创伤并不难。当有了创伤,能够及时治疗的话,也不会造成特别严重的后果。最关键的问题在于,整个过程中,父母是一种怎样的态度。

在二宝出生期间,必然会有许多亲朋好友来探望。在那时,父母或者家庭中的其他人事先提个醒,告诉亲友们,现在大宝的心灵比较脆弱,尽量照顾下大宝的情绪。但凡明事理的亲友都会了然。此外,在亲友探望的同时,也把大宝叫过来,不要让大宝感到自己被冷落。

小七的二宝满月那天刚好是周末,家里在一家饭店准备了酒席。那天来了不少宾客,其中除了小七夫妻双方的亲戚,还有他们的同事、朋友等。

酒席中,小七的丈夫在与亲友聊天时,总不免提到家中的两个孩子。

"大儿子有点闹脾气,等你们见到他时帮我劝劝他,我总怕说错什么。"

其实,他家大宝并没有闹脾气,正相反,大宝很喜欢妹妹。他之所以这么说,是希望亲友不会在无意中说些伤害大宝的话。

那之后,当大宝来到这些亲友中间时,大家都会对大宝说有个妹妹多好。大宝本来就喜欢妹妹,听完这些人的话,他更是欢喜到不行。

无论如何,保护孩子最好的办法就是父母不要离开孩子,不要让孩子离开自己的视线，那么当亲友说些可能伤害到孩子的话时，父母也能及时制止。除此之外，让孩子始终在自己的视线范围之内，也能避免许多意外伤害。

总的来说，避开创伤其实并不难，难的是治疗创伤。

创伤的来源有可能是亲友，有可能是父母本身，也有可能是孩子自己。无论如何，一旦创伤形成，就要及时采取补救措施，以免情势继续恶化。

在弟弟出生之后，奇奇的情绪一直很低落。妈妈很担心他的状况，但是不论怎么问，他都是三缄其口。妈妈虽然无法问出原因，但隐约感到奇奇的变化与二宝的出生有直接联系。

为了哄奇奇开心，妈妈特地托朋友从国外购回一辆电动儿童车。出乎妈妈的意料，奇奇并没有对这辆电动车表现出他应有的兴奋。相反，他问妈妈："这个以后是不是弟弟的？"

"为什么这么问？"

"因为奶奶说了，以后家里什么都给弟弟，不给我了。"

妈妈终于明白奇奇这些天情绪变化的原因。

她首先告诉奇奇，家里不论什么东西，是奇奇的就永远只属于奇奇，而弟弟也会有属于他自己的东西。接着，又跟孩子的父亲和奶奶等家人沟通了一下，以后不要在这方面开孩子的玩笑。

孩子的心，说脆弱就脆弱，说强大也很强大。说脆弱是因为随便什么都可能把他们击垮，说强大是因为他们很容易把不高兴的事情忘掉。一两句玩笑话的确会造成伤害，但真正会留下永久伤害的是在那些玩笑话之后父母的不当行为。如果父母的某些行为刚好印证了那些话的内容,孩子受到的伤害会越来越重。如果父母的行为与那些话完全相反,孩子渐渐就会把那点不愉快的经历全都忘记。

在这个过程中,父母要时刻关注自己孩子的情绪。发现不对的地方,立刻探究原因,找到原因后,立刻进行补救。只要保持良好的家庭氛围,创伤是可以补救的。

如果你爱他,请好好保护他

在中国家庭中有一个奇特的景象,不少父母为孩子倾其所有,牺牲自己的时间来抚养孩子,但是他们终其一生,却并不知道孩子需要怎样的爱。

一些孩子成长到二十几岁,发现自己最想要的东西往往得不到,最想去的地方去不成,几乎没有跟父母谈过心。当孩子抱怨这些时,父母却惊讶地说:"我们对你那么好,你竟然不知足?"

"对你那么好"主要体现在什么地方呢?大概是保证了孩子的教育,给孩子选了不错的学校,报不错的兴趣班,买体面的衣服,把孩子打造成父母想要的模样。至于孩子喜欢的那个在商店里放了几个月的玩具汽车,孩子想要穿的设计独特的怪兽外套,或者孩子最想尝试的新想法,在父母那里都得不到任何理解和支持。

说到这里,很多做家长的都会点头,但同时也会摇头。

如果他想要什么就给什么,那不就是溺爱吗?溺爱的副作用多大还需要强调吗?

给予孩子他想要的东西,究竟是溺爱,还是正确教育,这取决于孩子想要的是什么,也取决于父母如何看待和引导。

当孩子想要买只小狗回家玩,不是为了照顾小狗,而是觉得好玩。这种愿望如果随便满足,那便是溺爱。但如果父母能够引导孩子学会如何照顾宠物,如何与小动物沟通和交流,那便是很有意义的事,并且也尊重了孩子的意愿,将兴趣和教育结合到了一起。

在正确的方向上引导孩子成长,同时尽量满足孩子的兴趣,这样才是合理地爱孩子。爱孩子,不是单纯地给孩子父母认为有用的东西,也不是无节制地纵容。可惜,不论前者还是后者,都是许多家庭中父母选择的爱孩子的方式。

在二孩家庭中,这样的道理仍然适用。需要注意的是两个孩子的需求可能截然不同。父母需要花费时间和精力,去聆听他们的需求。为了省事,同时送两个孩子去同一个兴趣班,给两个孩子买同样的衣服,为两个孩子规划差不多的人生,父母这样的做法值得商榷。父母是否想过,两个孩子是截然不同的个体,也可能有着不同的喜好。

多跟孩子谈心,多跟孩子做一些平等的交流,这其实没什么难的。只需要多一点爱心,多一点耐心,多一点尊重和理解。

站在孩子的立场上想问题,想如果在你的成长过程中遇到孩子正在遇到的事情,你希望得到怎样的帮助,希望获得怎样的关爱。想到了,就去为孩子做吧。

第三章
全新家庭结构的诞生

二宝的到来不仅仅是家里多了一个成员，更是打破了家庭原有的结构。这时候，家庭原来的成员都需要努力适应新的角色。一个家庭应当是一个整体，本就不该有太过分明的界限。互相扶持，互相协助，才是家人间应当做的。谁都不该把责任完全推给另一方。在子女教育的领域，父亲这个角色不该缺席。

3.1 如何分配自己的精力

最艰难的日子要调整心态

当妈妈的都知道,人生中最艰难的是哪段时光。不是怀孕期间折磨人的孕期反应,也不是生产期间的疼痛,真正艰难的,是孩子出生后的第一个年头。

在这一年里,妈妈基本处于忙碌的状态,每天要早早起床给孩子准备营养餐,白天要做家务,还要逗孩子开心。其间,要定时给孩子喂奶。到了夜里,还要应付可能会随时醒来的孩子。

当然,如果家中有其他人帮忙照看,或者孩子的父亲工作没那么忙的话,有些程序可以省略。但喂奶的环节、亲子互动的环节等,都必须母亲亲力亲为。更别说有些难缠的孩子,除了妈妈的怀抱,对其他人完全不配合。

当经历过这些之后,好不容易大宝能走、能跳、懂事、能沟通了,又要迎来另一个艰难的一年。

生孩子原本是一件令人开心的事情,如果无法从中体会到快乐,当初也就不会做要孩子的决定了。

一些妈妈有一点抑郁症倾向,以至于对待孩子的态度都变得冷冰冰的。尤其是二孩家庭中的妈妈,不但小的需要照顾,大的也同样需要照顾,时间久了,开始变得烦躁,甚至会萌生出一些可怕的想法。

造成这种后果有许多原因,有外因,也有内因,而解决的方法也要从两方面着手。外因固然需要解决,但最需要调整的还是内因,也

57

就是妈妈自己的心理状态。

"那段时间，我真的有点想放弃了。"

每次小雨回忆起二宝满周岁前的日子，都心有余悸。

小雨的家庭并不算大富大贵，为了能给两个宝宝创造好的成长环境，在二宝出生后，孩子的爸爸就在单位申请了最忙也是最赚钱的项目。虽然这能给家里的收入提高一大截，但同时也减少了爸爸帮忙照顾孩子的时间。这样，家里的担子就多半落在了小雨的肩上。

那时候，小雨还不到30岁，大宝也才2岁。她的身体尚未从照顾大宝的疲惫中恢复过来，二宝的到来又让她陷入了新的疲累之中。

白天，她要照顾两个宝宝。到了夜间，她还要起床两次给二宝喂奶。当初带大宝的时候，她可以在白天趁宝宝睡觉时，自己也跟着睡一觉。但这一次，二宝睡了之后，她还要陪大宝一起玩，给大宝读书。

每个人都有情绪低落的时候。如小雨所说，在她情绪最糟糕的时候，她甚至想过就这么一走了之，把两个宝宝丢在家里再也不管。

好在她很快打消了这个念头。

"如果我当时那么做了，现在大概会觉得生不如死吧。"小雨后来说。

而让她打消这些糟糕念头的，是对两个孩子的期待和对未来生活的信心。她知道孩子的爸爸正在为两个宝宝的生活而努力拼搏，她实在没有理由不为这个家庭支撑下去。

同样的境遇和事件，用不同的心态看待，可能是截然不同的感受。并不是说，心态可以超越一切，成为生活的主宰，而是说它是土壤，可以催生无限可能。

有个说法，世界上最大的"安全漏洞"就是人。但是，世界上最强大的也是人。人的疏忽可能让保险箱变成废箱子，而人的坚强意志也可能让困难变得不堪一击。

当生活让你感到疲惫、让你想放弃一切时，先想一想是不是自己的心态出现了问题。如果是，那么千万不要掉以轻心，必要的话可以去看看心理医生，做一些心理疏导。这没什么丢人的。当家庭发生变化，一个人的工作、生活都发生了变化，那些无所适从、压力、委屈、疲惫，未必是你一个人能扛起的。

生活总会回到原有的轨道上，长长地舒一口气，想一想美好的事物，未来值得我们努力坚持。

彻底放弃从前的生活节奏，一切从简

竹子属于很重视生活质量的那类人。她大学毕业后，找了一份稳定、轻松的工作。毕业3年后，她与相恋的男友结了婚。婚后第一年，他们就有了自己的宝宝。这一切都是在竹子的规划之内的，也是她最向往的人生。有夫有子，在她心爱的城市里，以她的步调，过着她最想要的日子。

于是，每天早晨，他们夫妇会带着宝宝去晨练；到了晚上，会带着宝宝一起逛公园；白天时，则把宝宝放在孩子的奶奶或者姥姥家。

很快，她又开始了下一步的计划，就是生第二个宝宝。

对于竹子这样的人，要第二个宝宝很正常，因为她非常重视家庭，家庭对她来说重于一切。她当然不会满足于只有一个孩子的生活。

所以，在大宝3岁那年，竹子和丈夫又要了第二个宝宝。

但当第二个宝宝加入他们的生活中，竹子才意识到，一切没有她想得那么简单。

晨练没有了,因为带着两个宝宝晨练很容易照看不周。晚上的散步也没有了,因为不是每次都能协调安排两个孩子的作息。而在白天,为了避免大宝多心,他们没有再把大宝送去奶奶家或姥姥家,而是留在了家中。

原本优雅、有序的生活忽然变得乱七八糟,更别说大宝的吵吵闹闹经常影响二宝休息,而二宝的哭闹又经常影响大宝的心情……

竹子的生活忽然从天堂跌入地狱,这让她陷入了一片茫然之中,甚至开始怀疑自己的选择是否正确。

想要家中多一个宝宝当然没错,竹子错就错在一开始的估算问题。竹子和她的丈夫都是典型的独生子女,他们不知道二孩家庭是什么样的,对于二孩家庭的所有印象,都只来自于身边看到的二孩家庭以及电视上的类似家庭,而他们自己从来都没有亲身体验过。因此他们不知道在二宝降临之后,他们的生活节奏会发生怎样的变化。

其实,就算有了二宝,你的人生也不会有太多的变化。如果时间继续向前推移,你会发现,你仍然能过自己想要的生活,而两个已经长大的孩子也如你曾预想的那样可爱。但是,在二宝出生后的那段时间里,孩子2岁前,你的人生不会很快进入正轨。

接受现实吧,你总要脱轨一阵子,但是也就那么一阵子而已。把握好方向盘,当你把一切都导入原本的轨道,会发现生活的美好程度是从前的几倍。

至于脱轨的这段时间里,该放弃的就暂时放弃。优雅的生活状态,严格的健身计划,甚至你十几年如一日的读书习惯,这些都暂时放下。目前你最需要重视的就是两个孩子的健康成长。

一方面是小宝宝的科学喂养和情感干预，另一方面是对大宝的持续教育和心理疏导，把这些放在首位。

不要为此怨声载道，只是这一两年而已。过了这段时间，你喜欢的那些多数能重新回到你的生活中，只要你能拾起来就好。

把自己变成一个指挥官

都说世界上最强大的就是母亲，但再强大的人都会有感到疲惫的时候。而母亲之所以强大，并不是因为母亲承担起了照顾子女、照顾家庭的重担，而是因为母亲为了子女和家庭，还会调用一切可以调用的力量。

母亲不该仅仅做一个冲锋的战士，更应该是个威风凛凛的将军，一个足智多谋的军师。

一直很敬佩一个朋友，她在外管理着一家公司，在家又能把一切打理得井井有条。她的丈夫是一个性格倔强的人。最让人好奇的是，她怎么做到让丈夫能完全"听她的指挥"，直到她讲了她的一次经历。

那时候是她家二宝刚出生不久，大宝也才2岁，正是需要有家长陪伴的年纪。她必须一直照顾二宝，没那么多精力去陪伴大宝。让她生气的是，在她已经忙不过来的时候，她的老公竟然在玩游戏。

那时候的她，与其说是失望，不如说是几乎绝望了。

她没有阻止丈夫玩游戏，而是一直沉默。直到丈夫玩完游戏，关闭电脑之后，她才叫来丈夫，与他进行了一场谈话。

她首先谈到了目前的状况，对丈夫说清楚照顾两个孩子需要付出多少，接着开始询问丈夫，究竟想要一个怎样的生活，想要怎样的家庭环境。

她的丈夫并不是个不通情理的人，如果是，她当初就不会与其结婚，更不会跟他生两个孩子。最重要的是，她的丈夫与她同样向往和睦、幸福的家庭生活。

丈夫感到羞愧，向她道了歉。

于是，她对丈夫提出了要求，她允许丈夫玩游戏，但是当她需要帮忙时，丈夫必须承担起他应当承担的责任。她的丈夫当下应允。

自那之后，她把家里的很多工作都分配给了丈夫，比如，给二宝换纸尿裤，给大宝讲故事。许多不需要她亲力亲为的事情，都让丈夫来完成。到了夜间，更是两个人轮流应付夜啼的宝宝。

在那段日子里，她就是这样度过的。

宝妈们聚在一起，除了讨论家里的孩子，最主要的是抱怨丈夫不管家务，不管孩子，抱怨家庭的重担都压在自己的身上。她们白天要工作，晚上回家还要带孩子，负责一切家务，这样的日子不知道何时是个头。

除非丈夫本身就是混蛋，否则在通常情况下，总是可以实现沟通的。不论是夫妻关系、母子关系，还是其他社会关系，沟通都是解决问题的根本。抱怨并不能解决问题，只会让自己看起来充满负能量。

妻子抱怨的那些问题，是否对丈夫提出过呢？提出时，不是带有怒气的埋怨，而是心平气和的沟通。你们有哪些一致的观点？有哪些不一致的观点？在观点可以协调一致的情况下，你们各自愿意为这个观点而放弃多少？

案例中的那个丈夫虽然一时贪玩，但在渴望拥有完整家庭这一点上，这对夫妻是一致的。在沟通过后，丈夫决定放弃一些游戏的时间。妻子虽然不喜欢丈夫玩游戏，但只要丈夫尽了他的责任，她也愿意放弃坚持，允许丈夫玩一会儿游戏。

在绝大部分家庭里，大家在建立幸福、和谐的家庭这一点上的观点是一致的，否则这个家庭一开始就不会建立。那么，在这一点上，每个人愿意付出多少？愿意放弃多少？这些都可以在良好的沟通后得到解决。

当达成共识后，妻子就可以发挥自己的天赋，去管理好家庭事务。这样，不光妻子的精力有限问题得到了解决，家庭关系也得到了良好的维护。

63

3.2 如何控制自己的情绪

多想想那些美好的事情

情绪管理一直以来都是人们研究的重要课题。甚至有人认为，一个人能做好情绪管理的时候，他的人生基本上成功了一大半。但是能够完全控制好自己情绪的人，要么是万里挑一的天才，要么是人工智能机器人。所以，失落、愤怒、伤心、抑郁等情绪随时可能出现，不要对自己感到失望，因为这些都是人类很正常的情绪反应。人是有感情的，不可避免地会出现各种情绪，如果强行与它们对抗，很可能会适得其反。

当然，作为一个母亲，不能任由情绪失控，因为母亲面对的并不是一份工作，或者是什么无关紧要的人，而是两个比你更脆弱、更容易失控的宝宝。

芹小姐在年轻的时候，很喜欢买音乐CD，买写真，看喜欢的艺人的演唱会，参加喜欢的艺人的见面会。直到结婚后，她才把人生的重点从娱乐转移到家庭生活中来。

她放弃了追随偶像的消息，也不再联络当初的那些小伙伴，每天的生活重心只有丈夫和孩子。

本来一切还算平稳。但当生了二孩之后，她渐渐无法支撑了。她完全失去了自己的时间，一切都是围绕着两个孩子在转。她有种整个世界都变得琐碎和忙碌的感觉，哪怕出门买个菜，她仿佛都能听到孩子在她的耳边无助地哭泣。

当人在一种自己不喜欢的状态里持续太久，就容易崩溃。芹小姐就是这样。那时候，别人说什么，她都听不进去。所有安慰的话语对于她来说，都是废话。

"坚持过这一年就好了。"这是她听到的最多的话。

说起来容易，做起来难。正在经历的事情，不是旁人一句轻飘飘的话就能坚持过去的。

直到有一天，芹小姐的丈夫在家里陪大宝，她则带着二宝出门，给两个孩子买衣服。这时候，她在商店门口听到了一首当年她喜欢的艺人唱的歌。那是她最喜欢的几首歌之一。

从前那些美好的时光重现眼前，芹小姐发现，当年的那些感动，从来都没有离开过她的内心。

从此，在带孩子时，她经常翻出喜欢的歌来听。每次听到那些熟悉的旋律，她都会想起那些快乐的时光。这时，她就像上了弦的箭，重新充满努力而坚持的力量。

其实未必一定是喜欢的歌，也可以是与你的爱人恋爱的甜蜜，或者是怀孕期间的美好向往、对未来的憧憬，或者是你读过的让你感动的小说。多想想那些曾让你充满幸福感的事情，这对控制情绪有很大的帮助。

除了那些回忆、向往，当下的生活，难道完全没有能让你产生幸福感的事情吗？当大宝温柔地亲吻二宝的额头，当大宝甜甜地扑到你的怀里，当二宝在睡梦中露出甜美的微笑，这些瞬间，给你的难道只有疲惫吗？

相信答案是否定的。就如同一位母亲曾经说的那样，她说不论生活多苦多累，在看到孩子笑容的那一瞬间，就觉得付出的一切都

65

是值得的。

那么你呢?你认为是否值得呢?

学会宣泄和排解不良情绪

情绪管理中很重要的一条就是要学会转移或宣泄情绪。情绪就如同洪水,越堵问题越大。只有学会疏导,才能让问题得到解决。因此,当情绪不好时,光是想着控制和压抑自己,是不行的,适当的排解更加重要。

经常有人说:"有时候,我特别想大哭一场。"

如果遇到这样的话题,就直接建议对方,那就哭吧,偶尔哭一场无伤大雅。有时对方会说,哭不出来。

因为哭不出来,所以情绪梗在胸口,时间久了,就变成了顽疾。

怎么办?没有别的办法,就是努力哭出来,达到宣泄负面情绪的目的。

刘小姐有一个习惯是写日记。她不是每天都写,而是当情绪不好的时候,就会把日记本拿出来,在上面写个不停。她的日记本是活页本,可以随便取下来,随便加进新页面。

在带二宝的那些日子里,她经常感到疲惫,有一堆怨气,对老公,对孩子,甚至对糟糕的天气。当怨气达到峰值时,她就拿出日记本,在上面奋笔疾书。

她几乎把她能想到的最糟糕的词语都用尽了,甚至一次可以写上十几页,就为了重复宣泄对一件事情的不满。

而当最后一句落下句号,她合上日记本时,她的心情却神奇的平静了,就像是所有的愤怒和哀怨都被写尽了,剩下的只有平静。

过几天，当她想起来时，她会赶快找来那本日记本，撕下那几页，放到碎纸机里碎掉，就好像什么都不曾发生。

那本日记本就这样陪伴她度过了整整一年，承接了她的所有不满，所有怨愤，也让她顺利度过了最难熬的日子。

每个人的习惯不同。刘小姐宣泄不良情绪的途径是写日记，而其他人也可以用丢沙包、做游戏、唱歌等方式来宣泄。无论如何，每个人都能找到适合自己释放不良情绪的着力点。

说句题外话，不推荐靠吃垃圾食品排解压力的方式，因为这可能会引起肥胖，还会给宝宝们做出不好的榜样。而肥胖会让人精神更加压抑，最后更易导致恶性循环。

认识一个朋友，他每次有压力和不良情绪时，都会去跑步。这个方法除了需要注意保护脚踝和膝盖，当真是有百利而无一害。

在时间允许的情况下，别完全放弃那些陪伴你多年的爱好

世上有很多令人遗憾的事情，失去自我便是其中一种。在现实中，总会有女性因为成立家庭而放弃原有的爱好。于是，在女性朋友之间，总会出现这样的对话：

"我过去经常去打羽毛球，自从有了孩子之后，就没玩过了。"

"我之前总爱逛街，有孩子之后就不逛了。"

"从前，我能做出各种漂亮的手工，生了孩子之后都忘了。"

……

这就仿佛生孩子这件事是个分水岭。最糟糕的是，很多人都觉得这没有什么不对。

事实上，做母亲的这样完全迷失自我，是很不可取的。照顾宝宝

确实会占去母亲很多时间和精力，但是，在这样的情况下，如果时间允许，自己的兴趣爱好不能丢。在保证照顾好宝宝的前提下，为生活增添一些乐趣。这样，更容易度过这段略显艰难的时光。

赵女士从读小学开始就有一个爱好——写小说。在读小学时，她还不认识很多字，但她会在脑海里构思一个完整的故事，再讲给父母和同学听。到了初中之后，认识的字渐渐多起来，她的小说的篇幅渐渐变长，情节也变得复杂。在读大学期间，她的小说已经发表在杂志上，拥有较广泛的读者群了。

这个爱好一直都没有停下来过。直到她结婚生子，她渐渐封了笔，因为生活太过忙碌、琐碎，她已经拿不出闲暇的时光去写那些情节复杂的故事了。

她的生活变得单调，每天只剩下工作和养育小孩。

养育第一个小孩只是占用了她所有时间。当养育第二个小孩时，她发现自己的情绪也开始被牵着走。她无法在好天气时出门散步，无法在感到压抑时出门爬山，一切都变得不美好。一次，她无法控制自己的情绪，对着3个月的宝宝大发雷霆。

宝宝大哭起来，她才意识到自己犯了多么严重的错误。

她一边安慰宝宝，一边责怪自己。之后，她对朋友说起了这件事。

"你为什么不写写小说呢？说不定这能让你的心情好些。"

"哪有那么多的时间啊。"

"你可以在心里写啊。"

朋友的话提醒了她，她想起了小学时在脑海里编故事的岁月。

于是，当她再次感到压抑时，她就开始在脑海里编写故事，再把那些故事讲给襁褓中的二宝和懵懂的大宝听。

她发现人生重新变得美好了。

一个朋友在带第二个孩子的期间,顺利通过了CPA(注册会计师)的考试,成为朋友圈里的一个传说。大家都说她是"学霸"中的"学霸",竟然能在那么艰难的时候保持学习。可她说,如果不是因为坚持学习,她不一定能顺利度过那段日子。

她很爱她的宝宝,正因为爱他们,她才需要用学习来让自己忘记这些可爱的孩子有时候让她多么头疼。在别人眼里她是"学霸",但对她来说,她只是热爱学习。就如同有人热爱物理,有人热爱数学,她则是无比热爱经济学。用爱好排解不良情绪是很有效的做法。

69

男人，人生里最重要的角色是"父亲"

每次有教育方面的讲座，仔细观察就会发现，在场观众基本上是女性，男性寥寥无几。而网上的育儿论坛里，那些活跃的用户也基本上是女性，很少看到男性的身影。这不禁让人产生一个疑问：在教育子女的领域里，男人都去了哪里呢？

男人则非常不服气，会说，我们很忙，每天都要忙着赚钱。

可尴尬的是，这些关注教育的女性，她们同样是需要工作的。即便是选择做全职妈妈的女性，她们也担负起了几乎全部的家务，那些劳动价值并不比男人在外的工作少。那么，在同样工作的情况下，为什么女人几乎独自担负起育儿责任呢？

在我国的家庭结构里有一个误区，就是所谓男主外、女主内。不说这种家庭结构在现代社会已经显得不适合，只说对子女教育而言，这样的家庭结构并不健康。

一个家庭应当是一个整体，本就不该有太过分明的界限。互相扶持，互相协助，才是家人应当有的行为。谁都不该把一些责任完全推给另一方。

在子女教育的领域，父亲这个角色原本就不应当缺席。父亲不应该是那个平时只知道在外工作，当子女出现各种问题时才站出来训一顿的角色，他的形象应当贯穿在子女成长的整个过程中。

一个人在他的领域内或许可以做出许多了不起的成就，但当年老时，回首往事，他会发现，在所有的成就中，最令他感到欣慰的是他抚养了一个或多个优秀的孩子。

如何做好一个父亲,是人们探讨许久的课题,每次探讨后得出的结论都不同。有人认为,父亲应当树立威信。也有人认为,父亲应当成为孩子的朋友。不论是哪个结论,有一点大家能达成共识,那就是父亲必须关注子女成长的各个环节,不在子女的生命里缺席。

在说起自己的父亲时,小C总是先想到她的童年时光。"关于童年最美好的回忆,大概就是我爸爸帮我编辫子,那时候感觉连空气都是温柔的。"

每次说到这里,听到的人都很羡慕,因为一个能帮女儿编辫子的父亲是多么难得!小C是个十分幸运的人。

"但是那种日子实在太少了。"小C说,"后来关于爸爸的记忆就不多了,他好像总是在忙工作,我们现在连讲话都不多。"

特别为小C可惜,也为她的父亲可惜。她的父亲原本可以成为一个非常优秀的父亲,却在后面的日子里失了职。

不是说给女儿编辫子的父亲才算是好父亲,但这个动作说明父亲正在融入女儿的成长中,父亲正在走入女儿的内心世界。在教育子女方面来说,这比什么都重要。

别让妻子承受太多

在二孩家庭里,需要协调的工作比独生子女家庭要多得多。做丈夫的千万不要觉得两个孩子与一个孩子没什么不同,仍然按照之前的思维过日子,把麻烦事都推给妻子。

小何是个很有责任心的人，在工作上，他很敬业。在家庭中，他也一直尽心尽力。在其他人的眼中，他可以算得上是模范丈夫。但最近的一些日子，他遭到妻子的埋怨。那大概从家中迎来第二个宝宝开始。

"一个孩子是养，两个孩子也是养，之前怎么养，现在还怎么养！"这是在回答朋友关于怎么养两个孩子时，小何的回答。

他并不是随便说说，他自己也是这样做的。每天，他按时上班，按时下班。回到家中，妻子已经准备好晚饭。吃过饭之后，他陪家里大宝玩一会儿。之后，妻子哄两个孩子睡觉，一天就算结束。

在生二宝之前，他就是这种状态，所以他没觉得现在有什么不一样，最多就是两个孩子让家里显得更加吵闹罢了。

直到两个月后，一天他回到家，发现晚饭做得一塌糊涂。他有些不开心，问妻子为什么把菜都炒煳了。

妻子当场发起火来。"你说为什么？大宝处在叛逆期，需要哄，二宝哭着等我喂奶，我累得胸口都疼，而你却在要求一顿完美的晚餐。"

小何愣住了。他跟妻子很少吵架，一直以来，他根本没有想过妻子竟然承受了那么多。他默默收拾了那顿糟糕的晚餐，重新做了一份。

那天之后，家里做饭的活都落在了小何的身上。如果发现家中有尚未完成的家务，他也会默默做完。

一个很有意思的朋友，他经常会问单位的领导有没有加班机会，每次领导都告诉他没有。之后，这个朋友只好回到家，承担起家庭的责任。

这个朋友不是想逃避责任，他只是希望能多休息一下。因为自从家里添了二宝，他就意识到，做个尽职的奶爸比在单位工作还要累。相比之下，工作倒成为一种休息。

可想而知，一个家庭迎来二宝后多出来的工作，对父母来说，是多么繁重。

养育孩子是父母共同的责任。为了家庭也好，为了子女也好，为了妻子也好，都不要让你的妻子独自承受，不要给这个家平添无谓的痛苦，更不要在通往幸福的路上分道扬镳。

把孩子放在一切计划的首位

每个人都有自己的人生规划。在人生的不同阶段，人们会做出不同的规划，不论后来有没有实现，实现了多少，至少在这期间，他的行为总是会按照这些规划的方向前行。

对很多人来说，他们都会把自己的事业放在计划表中最重要的那一栏。这无可厚非。事业的发展是实现一个人价值的条件，没有事业，可以说失去了人生的基石。

所以，不是想劝说任何人牺牲事业，以家庭为重，而是在保证事业平稳的前提下，在养育孩子的初期，可以暂时放缓事业的脚步，多关心家庭。

人并不是时时刻刻都需要向前冲，有时候也应当放缓脚步，看看那些生命里更需要你的人，他们有可能是你的父母、家人，也有可能是你刚刚出生不久的孩子。

小于在他33岁那年做了一个决定，他决定继续深造，去攻读本专业的博士学位。那时候，他已经结婚5年，家里有一个4岁的女儿和一个3个月大的儿子。他做出这个决定并不是突发奇想，在他参加工作的几年里，他时常感到力不从心，周围的人里，有能力的人实在太多，他工作的时间越久，越是感到自己知识的匮乏。如果不继续深造,他会觉得遗憾。

这时,他面临的还有另一个问题,那就是他的家庭。如果他潜心学习,那么就不能分出太多时间来照顾家庭,家中的一切都要交给妻子。妻子在结束产假之后要继续工作,如果同时照顾两个孩子,只会被累垮。

摆在小于的面前有两条路,第一条是做一个自私的人,暂时抛下家庭,潜心准备考试,在考取博士之后,登上人生的另一个高峰;另一条则是先以家庭为重,过几年再去考博。

小于思来想去,最后选择了后者,理由很简单,他爱他的妻子,也爱他的孩子们。

一般情况下,人们不喜欢做选择,因为选择的背后其实是放弃。当说到小于的故事时,又想起另外一个人,是一个朋友的妹妹。她是个编剧,写过很多经典作品。在她的孩子3岁的那一年,有影视公司找到她,约请她写一部剧本,光投资就有一亿多,演员阵容强大,收益自然可观,但是需要她抽出半年时间,到深圳去写剧本。

那时候,她还不是很知名的编剧,几十集的一部剧本赚不了多少钱,这是一个很好的机会。但是她毫不犹豫地拒绝了,因为她3岁的孩子,正处于走进幼儿园的关键时期。入园会引发孩子心理上的调整和适应,是一个人从家庭小单位走出去的关键阶段。

这样的放弃值得吗?很多朋友都认为不值得。只有她心里清楚,孩子的成长才是无可取代的,养育孩子不是功利的。孩子的成长是不可逆的,而事业和机会可以重来。

她有才华,后来成了知名编剧。比这更伟大的是,她同时是一名合格的母亲。

3.4 大宝也在适应一个新角色

谁都别想置身事外

虽然强调过要对两个宝宝一视同仁，但当二宝出生之后，不论如何，大宝在家庭中的定位都不可能与过去相同。独生家庭与二孩家庭最大的不同在于，二孩家庭中会出现更多的同辈亲人的互动，这些是在独生家庭中长大的孩子无法体会到的。

那么，当二宝来到家中，对待大宝的方式也好，对大宝的定位也好，都要做些改变。不要在照顾二宝的过程中，让大宝完全做一个局外人，那不是爱孩子，而是人为割裂亲情关系。

对一个家庭来说，最重要的就是保证这个家永远都能抱成一团。家是一个整体，家庭成员要共同前行，共同分享一切，每个成员都要相互理解，相濡以沫。

所以，在二宝到来之后，别让大宝置身事外，哪怕只是递个奶瓶，都要让大宝参与其中。但不需要让大宝参与太复杂的事情，说到底，大宝仍然是孩子，他在家庭里的定位还是父母的宝宝。

汤米大概是小孩子中最让人头疼的那一种，他几乎闲不下来，每天仿佛有用不完的精力，总是跑来跑去、跳来跳去，也不知道究竟在兴奋什么。

所以，当家里迎来一个弟弟之后，他更是比谁都兴奋，就像踩到鞭炮一样，那个手舞足蹈的样子，简直让家长目瞪口呆。

"看他的小眼睛，看他的小鼻子、小脸蛋、小手！"

汤米像发现新大陆一样，一会儿盯着弟弟看，一会儿又像在表演，那副滑稽的样子，把父母逗得直笑。

但很快，父母发现了一个问题，就是面对弟弟时，汤米总是显得无所适从。他很喜欢弟弟，但是不知道该做什么，除了在那里手舞足蹈，不知道该怎么办才好。

直到妈妈叫汤米过来，问他："你要不要抱抱弟弟？"

汤米愣了愣，接着直摇头，说："我会把弟弟抱坏的！"

"你只要在旁边搂住他就行。"

于是，汤米来到弟弟旁边，把弟弟肉乎乎的小身躯搂了过来。接着，出乎人们意料的是，他竟然安静下来，小心翼翼地，就像害怕伤害到怀里的宝宝一样。

也许是汤米的怀抱姿势比较滑稽，弟弟忽然"咯咯"地笑了起来，一张肥嘟嘟的小脸上满是阳光般的笑容。但汤米没有笑，他看着弟弟的笑容，愣愣地在那边，就像是在新大陆上又发现了一片新的森林。

仔细想想，两个有血亲关系的孩子之间的互动，实在是世界上最美妙的事情。

其实，父母与孩子之间的相处，并没有什么绝对的模式，家中事务的分配也没有绝对的界限。对两个宝宝要一视同仁，并不意味着当二宝躺在床上哭着要吃奶时，妈妈就要同时也给大宝喂一份奶。

一视同仁，指的是父母在爱孩子方面做到不偏颇，但在父母爱孩子的同时，更不能忽略孩子们之间的关爱。

当二宝还在襁褓中时，母亲作为主力军，担负起孩子最初的养育责任。父亲作为后备军，随时在体力上和精力上支援母亲。而大宝,就要作为调剂员,负责带给这个家庭更多的爱。

告诉他(她),他(她)已经是一个哥哥(姐姐)了。这个新头衔的另一个含义叫作"朋友",但不是普通意义上的朋友,而是陪伴一生的、相知相伴的朋友。

从家庭里学会爱他人

一般来说,父母都很优秀的健康的二孩或多孩家庭中的孩子有一个显著的特点,就是他们更擅长与人交流,更懂得与人协作,也更富有爱心。

不是说独生家庭的孩子就没有这些特点,而是说二孩家庭中的孩子有着得天独厚的成长条件,这是独生家庭中许多孩子无法拥有的。

一个大前提是,这个家庭的父母一定要很明事理。那些天平倾斜得过分的家庭环境,只会比独生家庭的环境更糟糕。

要给孩子一个良好的家庭环境,父母并不是非得受过多么良好的教育。有一个在教育子女方面非常出色的家庭,这家的父母都只是初中文化,靠做小生意维持生计,但两个孩子都懂事而开朗。这对父母没有什么高深的教育方法,唯一的准则就是时刻提醒一个孩子去关爱另一个孩子,就好像他们生命中最重要的人就是彼此。

小琴和小书是相差2岁的姐妹,由于年龄差不算大,在教育方面,基本能做到同步。在幼儿园里,姐姐上大班,妹妹读小班。在舞蹈班,姐姐去中级班,妹妹去初级班。

每一次,当姐姐缠着父母给自己买玩具时,父母总会让她给妹妹也挑一个。而当妹妹哭闹着找父母讲故事时,父母也会把姐姐叫来一起听。

时间久了，姐姐和妹妹似乎习惯了做什么事都两个人一起。

一次，妹妹生了病，妈妈在家中照顾妹妹，而爸爸就带着姐姐出门爬山。爬山时，姐姐总是问爸爸为什么妹妹没有跟着一起来。

"因为妹妹生病了啊。"

"可是妹妹不来，爬山一点意思都没有。"

"那么，你是希望妹妹病好之后，跟妹妹一同来爬山吗？"

姐姐点了点头。

"那如果你喜欢爬山，妹妹却不喜欢呢？"

姐姐想也没想，就直接对爸爸说："那么，我可以先让她陪我爬山，我再陪她做一件她喜欢的事情。"

其实姐妹也好，朋友也好，有人喜欢经常与他人黏在一起，有人喜欢拥有更多的私人空间。这只是由每个人的性格决定的。但在孩童阶段，如果一个人的身边能有时刻陪伴在身边的玩伴，那对孩子的成长是至关重要的。

不知道是不是每个人都有这样的经历。在独生子女家庭中长大的孩子，身边往往有一个跟他形影不离的好朋友，因为这是孩子天生的需要。在孩子的成长过程中，他需要一个与他年龄和思维更加接近的朋友来进行交流。那些不幸没有找到这样伙伴的孩子，往往会给自己虚构一个幻想中的伙伴。

所以说，一个健康的二孩家庭，对孩子们来说，简直是得天独厚的优势。他们从小就能拥有一个玩伴，与好朋友不同，这个玩伴能随时陪在他们身边，与他们共同生活，共同解决成长中的难题，有时甚至抱团面对父母的责难。而父母可以利用这一优势，让孩子们拥有健康和阳光的心态，一切都会良性循环。

人生教育里最重要的一课

孩子在社会活动中受到的教育不论多么高明，往往不如在原生家庭中受到的最原始的影响。原生家庭的一切，构成的是一个人的骨肉；人受到的教育只是他身上穿着的"外衣"，"外衣"再华美，都无法改变那些最根本的东西。

师师在公司里属于女神级的人物，同事小周暗恋她很久了。小周各方面都很平凡，能追到师师的可能性非常小。但仿佛撞大运一般，小周只用了一年时间，就追到了师师。

小周一直不明白师师究竟看中了自己哪方面，他总认为大概是傻人有傻福。直到有一天聊天，他才终于明白自己的运气来自何方。

"我第一次见到你的时候，大概是部门的人一起出去打羽毛球。部门的其他人都在玩，只有小李被冷在一边。其他人都没留意到小李，只有你过去把小李拉过来，让他也玩一把。那时候，我就觉得你特别善良。"

不仅是师师，公司的上司也早就留意到小周这方面的特点，所以不论做什么事，都喜欢带着小周，公司里有好的机会，也都留给小周。因为小周不仅有着能融洽气氛的亲和力，更有一种随时顾全大局的意识。

其实，小周从来都没有刻意为之，他的一切行为都来自于他从小到大的习惯。

他有一个妹妹。从小到大，他总是跟妹妹一起玩。他习惯了在玩耍的时候，随时惦记让身边的人同样玩得尽兴；他习惯了照顾别人的情绪,不做太伤人的事情。

性格固然有一部分是天生的,但也有很大一部分来自于成长环境。通常情况下,家庭能完成对一个人性格教育的90%。

分享、关心他人、共情心,这是性格教育中最为重要的,决定了这个人的性格是否健全。能完成这一教育的最好的环境,就是一对开明的父母和一个多子女的家庭。

第四章
有了二宝，妈妈对大宝的爱并不会减少

这世上有一件非常不合理但又自然而然的规则，那就是不论什么人都可以为人父母，而偏偏为人父母是这个世界上最复杂、最难掌握的技能之一。教师、朋友、法官、守护者，当一个人身为父亲或母亲时，就应当做到能灵活地在这些身份之间转换。而二孩家庭中的父母，他们就必须学会如何做一个守护天平两端平衡的法官。

他哭闹不是因为他不懂事

家长跟孩子之间总是存在一些似乎无法跨越的沟壑。在我们身边的一些亲朋好友的家庭里，或者是我们偶尔在街上或其他公共场所里，会看到这样一幅画面：孩子执着地想要做什么，父母不让做，父母大声训斥孩子，孩子大声哭闹。

在这个场景中，父母在表达，孩子也在表达，但"神奇"的是，他们都听不懂对方在表达什么。不论他们多么用力地表达，似乎都无法与对方实现有效的沟通。明明说的是同一种语言，却如同两个星球的人。

这告诉我们一个道理，那就是能实现有效沟通的关键其实并不是语言本身，而是用心倾听。当双方都不愿意倾听，那么不论你使用多么华丽的语言，你喊多么大声，最后都只是在做无用功罢了。

那么，大多数的父母在与孩子沟通的时候，究竟有没有仔细倾听孩子在说什么？

很显然，并没有。

很多时候，孩子的"我不要做这个""我不要做那个"，到了家长的耳中，全部变成了"我就是要给爸爸妈妈找麻烦"。

家长总是用自己预定的想法在心中描绘孩子的形象，却很少仔细观察、倾听这个真正站在他们面前的活生生的人。

为什么那么大声地呐喊，父母就是听不到呢？

孩子与父母无冤无仇，为什么孩子要平白无故找父母的麻烦？

当孩子哭闹时,父母是否探究过令孩子伤心的真正原因?那原因在父母看来或许微不足道,但为何不站在孩子的立场上想一想呢?

自从弟弟降生以来,向来乖巧的小雪开始频繁地与父母闹别扭。过去的她根本不喜欢喝粥,但现在,当妈妈给弟弟喂粥喝时,她忽然哭着闹着要粥喝;家里的积木玩具,她从来都不碰,但当妈妈把积木拿给弟弟玩时,她又开始大声宣布对这些积木的所有权。

好像只是一夜之间,原本那个善良、宽容的小雪,忽然变得蛮不讲理了。

于是,从前父母口中的可爱的小雪,也开始变成讨人厌的小雪。

7岁的小雪,就这样仿佛变成这个家庭的局外人。

爸爸妈妈完全不明白为什么小雪会变成这样子,他们搞不懂自己的教育出现了怎样的偏差,他们只是看着那个原本活泼的小雪渐渐失去了灿烂的笑容,个性变得一天比一天古怪。

当你的孩子发生变化,你有没有意识到这些变化的原因是什么呢?有时候,当孩子的表现变得糟糕,父母只是用失望的态度来让孩子的情绪更加低落,却从没有想过,在孩子的成长过程中,起到决定作用的永远是父母。

父母,才是那个有足够的力量去改变孩子的人。

当父母为孩子感到失望、感到生气时,是否真正想过,自己是孩子唯一仰仗的希望呢?这颗幼小的心灵是那样脆弱和微小,父母的一言一行,甚至一颦一笑,都牢牢牵动着这颗心灵的成长方向。

在婴幼儿时期,孩子用哭闹的方式来向父母索取关爱,那时候,父母总会耐心安慰,但为什么当孩子可以自己走路、讲话之后,父母却开始渐渐吝啬他们的安慰了呢?

案例中的小雪,她与弟弟抢食物也好,宣告积木的所有权也好,本质上都是在索取父母的关爱。她是真的想喝粥,想玩积木吗?当然不是。她只是想要父母多看看她,想要证明在弟弟到来之后,父母依然爱她。可惜的是,在父母对小雪失望的同时,小雪也渐渐对父母感到失望了。

一个失去了所仰仗的一切的孩子,她受到的是怎样的伤害,她又将以怎样的状态继续成长,也就可想而知了。

其实,只要父母多看看她,多关心她,当她发脾气时,能意识到她无理取闹的表象下是一颗索求父母关爱的心灵,那么,这个孩子的未来必定会拥有不一样的人生。

努力维持天平两端的平衡

这世上有一个非常不合理但又自然而然的规则,那就是不论什么人,都可以为人父母,而偏偏为人父母是这个世界上最复杂、最难掌握的技能之一。有什么比一场必须持续一生且时刻都不能松懈的事业更加伟大和神圣的存在呢?

当这一职责降临身上,有很多人几乎没有意识到,上天赋予了一项多么大的权力,去呵护和指引一个人的人生。

父母可以是许多身份,教师,朋友,法官,守护者。当一个人身为父亲或母亲,他(她)就应当做到能灵活地在这些身份之间进行转换。

而二孩家庭中的父母,他们就必须学会如何做一个守护天平两端平衡的法官。

一个法官最重要的就是维护公平,必须做到不偏不倚,做到站在正义的那一方。

对于二孩家庭，我们总是强调要保护大宝的心灵，总是强调千万不要委屈大宝，但保护大宝也要适度。

因为二宝还小，所以凡事都以大宝为优先，甚至因为心疼大宝而在许多事情上更偏心大宝一些。这从表面上看是在为大宝好，但事实上，这是对大宝的另一种伤害。而当二宝开始懂事，这也同样会伤害到二宝。最后，这个家庭的教育就是一团乱麻了。

别忘记那个最大的宗旨，家庭教育最重要的一点是要让孩子们学会互相关爱。

吉吉的父母是早教机构的创业者，在子女教育方面，他们堪称楷模。

他们的儿子吉吉刚满4岁。当妹妹小米来到家中时，吉吉一点也不喜欢这个脸皱皱的、丑兮兮的婴儿，偏偏父母喜欢叫这个婴儿"小美女"。

吉吉并不觉得这个"丑八怪"是小美女，同时也不喜欢父母对这个孩子过分关爱的表现，于是，他开始想尽一切办法找这个婴儿的麻烦。比如，他会把小米的摇铃藏起来，让她找不到摇铃而哇哇大哭；他还会趁父母不注意故意弄乱小米的衣服。

很快，吉吉的父母发现了他的恶作剧。父母并没有直接批评他。

有一次，当吉吉把小米的小橘子玩具藏起来时，妈妈抱起小米对吉吉说："看看可怜的小米，她与你一样是家里的宝贝，她那么喜欢她的哥哥，每次看到哥哥都笑得很开心。如果她的哥哥也能爱她该多好啊！"

这时候，小米伸出手去摸了摸吉吉的脸，她的小手是那么柔软，那么脆弱。

吉吉默不作声。

第二天，小米丢失的那些玩具全都回到了她的床头。

从那之后，任何人只要敢说小米一句坏话，吉吉都会去跟那个人理论。

　　教育的方式有许多种，有人信奉严师出高徒，有人认为棍棒底下出孝子。而在千千万万的风格迥异的教育方式中，以爱为主题的教育往往是最动人的，也是最能成功的。

　　只有在爱的环境中成长的人，才能懂得如何去爱别人。所以，当父母用足够的爱去教育他们的子女，他们的子女也必然不会用冷漠的态度去对待世界。

不要侵犯他的私人领域

一个有趣的现象是,如果你用足够的细心去观察一个人的成长过程,你会发现,这个人在每个阶段给外界的感受是不一样的。某一个时期,他是个可爱的"小天使"。到了另一个时期,他可能就变成了难缠的"小恶魔"。

不论"天使"也好,"恶魔"也好,都不过是一个孩子成长的必然经历。每一次变化,都是一次内心的觉醒。当父母看到这些变化,实在没必要大惊小怪。

身为父母,面对子女时,得做到游刃有余,对待不同时期的孩子,得有不同的应对方式。比如,当孩子像"小天使"时,父母要用最温柔的臂膀去呵护。当孩子像"小恶魔"时,父母则要武装起他们独有的威严。

一般情况下,孩子成长到七八岁,他们的自我意识就开始觉醒,有些孩子会早些,有些会晚些,但基本没有人能逃过这个过程。那个天真无邪的小宝宝开始为自己划分空间,开始有了属于自己的私人地带。

这个时候,父母千万不要去打扰他。

看过很多这样的父母,当孩子有心事时,他们会无所谓地嘲笑这个孩子:"小屁孩有什么心事?""别扯那些有的没的!""说吧,是不是不想写作业?"就这样,他们在孩子成长中的一个非常重要的时刻,狠狠地伤了孩子的心。

这实在是太可怕了。

康康是个有绅士气质的小男孩,他的绅士气质,从他只有几个月时就显现出来。他的母亲清晰地记得,当她亲吻康康的小脸蛋时,康康会温柔地对妈妈笑,那笑容就像一个已经懂得许多道理的孩子。当康康渐渐成长,学会走路和讲话后,他比其他小朋友显得更加彬彬有礼。那份翩翩气度,仿佛从一开始就存在于康康的骨血里。

但是随着康康逐渐长大,在妈妈又生下一个宝宝之后,康康开始发生变化。

最开始,康康对弟弟非常温柔,经常在沙发上抱着弟弟,或者轻柔地亲吻弟弟。当弟弟慢慢长大,康康也会把自己的玩具分给弟弟玩。

但是后来,妈妈发现康康开始藏起一些东西,那是刻意藏起来的,很明显就是不想被弟弟发现。

原本温馨的家庭出现了波动。

直到有一天,妈妈听到弟弟大声哭闹,她立刻放下手中修剪到一半的花枝跑过去,看到弟弟似乎正在与康康争抢什么东西。

当妈妈走近后才发现,那是康康的一把玩具手枪。

比起弟弟的大哭大闹,康康反而很平静,他一直重复着对弟弟讲道理:"听着,这个是我的,你可以让妈妈再给你买一把,但是这个你不能碰。"

但弟弟完全不听,只是一边委屈地哭闹,一边伸着手要去抢那把玩具手枪。

弟弟只有2岁多,正是一个孩子最可爱的年龄。当这么大的孩子哭闹起来,父母恐怕连把天上的星星摘下来给他的心思都有。

89

康康的妈妈心都快要碎了，她实在受不了看着弟弟哭得这么难过。于是，她走上前，一把抢下了康康的玩具手枪。

"一个玩具而已！借弟弟玩一下又能怎么样？"

她把玩具手枪交给了弟弟，弟弟立刻停止哭闹，开心地拿着手枪跑开了。

而康康，当他看向妈妈时，眼里是无尽的痛苦和失望。

像康康这样一个优秀的孩子，却因为妈妈的缺乏尊重而受到了莫大的伤害。

这并不是危言耸听。

一个人的成长需要用无尽的爱和尊重去浇灌，但要毁掉他，只需要瞬间。

那把玩具手枪，对于年幼的康康来说，是一份独属于他的珍藏。

每个人都会有一些属于自己的珍藏，会把这些珍藏放在一个绝对不能被任何人触碰的领域。而康康的妈妈，用她力量上和权力上的优势，剥夺了康康的珍藏，把它送给了家中的另一个孩子。从今往后，这个家对康康而言就不再是一个安全的港湾。

家应该是安全的港湾，家的意义是聚拢起每个家庭成员。在大家的亲密相处之下，同时保护每个人的私人地带不被侵犯。爱的同时还要尊重，这才是一个家庭应当有的模样。

任何物质都比不上血缘亲情

在康康的事情上，还存在另外一个问题，那就是康康的弟弟。

设想一下，假如康康的妈妈为了保护康康的私人物品，阻止弟弟与哥哥抢玩具，把弟弟拉到一边，这样处理又会发生什么呢？

弟弟必然还会哭闹不停,同时也会意识到,并不是什么东西他都能随便索取。这对弟弟算是一个教育机会。而康康会意识到弟弟的侵略性,以后在对待弟弟时,会多留一点心思。

这样处理不算坏,但对家庭的凝聚性而言没什么好处。

尊重孩子的私人领域是没错的,但如果像下面所举的例子这样,让孩子了解到,在亲情的面前,一切都可以退居次位,那么结果会更圆满。

成成3岁的妹妹觊觎成成那块红色的石头很久了。那是成成在吃糖果时收集到的。虽然本身并不贵重,但是这块石头看起来晶莹剔透,隔着石头看灯光时,会发现一切都变成了梦幻般的红色。

成成非常宝贝这块石头,他的妹妹也很喜欢。每一次当成成把石头拿出来玩的时候,妹妹都羡慕地看着他并且跃跃欲试。但是妹妹很听话,她知道那是属于哥哥的东西,她不会跟哥哥抢东西。

某天,成成妈妈告诉成成,妹妹的生日就快到了,她提醒成成应当给妹妹准备一份生日礼物。作为这个家中最小的宝贝,妹妹可以说是全家人的开心果,所以当她的生日到来,全家人都会用心为她庆祝。这难倒了成成。

他必须得送给妹妹一份特别的礼物,一定要比任何人的都特别,因为妹妹是他最喜欢的珍宝。在送礼物这件事上,他绝对不能落于人后。但他只是一个孩子,并没有什么特别稀罕的东西,也没有什么钱买太过昂贵的东西。更何况,昂贵也不代表特别。

妹妹生日那天,爸爸给妹妹送了一个音乐盒,妈妈送了她一顶漂亮的帽子。而成成神秘地拿出了那个装着红色石头的盒子。

妹妹立刻兴奋地鼓起掌来,然后抱住哥哥的脖子,在哥哥的脸上亲了一下,对他说:"我爱你,哥哥!"

那是成成最有成就感的一刻。

保护自己的私有物品重要吗?当然重要。但总有比这些物品更重要的东西。

并不是说一个人一定要为了亲情而放弃自己的利益。假如一对兄弟,一个非常富有,一个不思进取而略显贫穷,富有的那个就要为了亲情不断地给贫穷的那个赠送钱财吗?显然不应该。这里要说的是,在保证两个人地位平等的前提下,你拥有的一切都比不上亲人之间的关爱。

每个人的生活都是他自己选择的。富有的人可以教给贫穷的人致富的方法,但是不能直接给贫穷的人输送钱财。这并不是爱,而是纵容。不过,这是另一个层面的问题了。

有人关心是最大的财富

简·奥斯丁笔下的文学经典人物爱玛说过,她完全不担心自己年老之后的生活。她虽然开始时奉行的是不婚主义,但她自信直到终老,仍然会活得舒心,因为她会是一个富有的老姑娘。

简·奥斯丁的作品活泼、有趣,可惜很多人对这段话的理解出现了偏差。他们把爱玛的话解读为只要拥有足够的钱财,那么即使一个人,也能够活得舒心。

实际上,爱玛只是暂时不想结婚罢了,她并没有打算一个人。在她规划的未来生活中,有侄女和侄子围绕在她的膝下。同时,她还有一个至亲的姐姐。当然,她还有许多朋友。这些都能够保证她不会孤独终老。

一个人最大的财富是金钱吗?并不想说金钱不重要。就如同我们必须吃饭、必须喝水一样,人生需要金钱,但只有金钱的人生必定是远远不够的。

设想一下,某个人的生活还算富足,但他没有任何朋友,所有的亲人都离他远去,这个人是否会快乐呢?或许短暂的物质享受能带给他一定的快乐,但当看到其他人家庭和睦,看到那些真正相爱的人,他的心中是否会感到落寞呢?

鲁滨孙即使已经漂泊到孤岛上,他也需要"星期五"(被鲁滨孙救了的土著人)来陪伴。

在小谷7岁那年,他的自我意识上升到一个前所未有的高度,表现出来大概就是,他希望家中的一切都能属于他。最好爸爸妈妈只属于他,所有的东西都属于他。

那天,爸爸带回来一袋糖果,里面有各种口味的水果糖,原本打算分给两个孩子和孩子妈妈吃。但当爸爸把糖果放在桌子上,眼疾手快的小谷迅速把这些糖果全都夺了过去。

"这些全都是我的!"小谷一边这么说,一边把糖果拿回自己的房间,藏了起来。

可怜的弟弟,连糖果的样子都还没看清楚。

爸爸当然很不喜欢小谷的表现,但是他没有直接批评小谷,而是来到小谷的房间里,问小谷:"这些都是你的?"

小谷斩钉截铁地回答:"对!"

"我本来打算把这些糖果给你、你的弟弟和妈妈一起吃的,你愿意跟他们分享吗?"

小谷摇了摇头。

"那好吧，"爸爸说，"既然你不打算跟他们分享，那他们也不喜欢你了。从现在开始，我们所有人都不跟你讲话了。"

爸爸说到做到，接下来，在爸爸的建议下，妈妈和弟弟都不跟小谷讲话了。那天，一直到晚上睡觉前，家里都没有人搭理小谷。

到了夜里，妈妈听到小谷的房间里传来声音。她来到小谷的房间，才发现小谷正在哭泣。她过去安慰了小谷，并且问他是否愿意与家人一同分享那些糖果，小谷点了点头。

小谷的确拥有了那些糖果，但他也失去了人生最重要的东西，就是来自家人的关心。当被大家冷漠对待时，他才发现，那些糖果变得不再甜蜜了。

并不是鼓励小谷家人的做法，毕竟这样对待一个孩子，实在有些残忍，但让孩子明白孰轻孰重还是很有必要的。而且，以小谷当时的状况来看，如果他继续保持这样的态度对待他接触到的每个人，那么他在外面面对的恐怕不只是没有人与他讲话这样简单了。

适当的自我意识是必要的，但是不论何时，都要保证把家人间的亲情放在第一位。只有在这样的环境里成长起来的孩子，才能拥有健康的心灵。

青春期是人生里最情绪化的岁月

如果说在教育孩子这件事上最难处理的时期是什么,大概非青春期莫属。

青春期,哪怕只是听到这三个字,父母都可能感到头疼。可以说迄今为止,没有任何一对父母敢说自己能轻松应对处于青春期的孩子。当提起青春期,父母的反应大概是一片混乱,完全的莫名其妙,对孩子听不懂,看不懂,诸如此类。

你觉得婴儿又哭又笑很难应对吗?那只是因为你还没有遇到处于青春期的孩子罢了。当然,你总会遇到的,所以不用着急。

至于已经遇到的,那么只能说,辛苦你了,不容易。

不过,就算再难,当你的孩子真的处于青春期,你也不要因为难以应对就破罐子破摔。尽管青春期的孩子是很难理解和复杂的,但那是孩子成长中最重要的阶段。在这个阶段里,如果父母处理得好,孩子会成长为一个非常优秀的人;如果父母处理得不好,孩子的一生可能被毁在这里。

所以,如果一个家庭在迎来二孩的同时,大宝正处于青春期,先别考虑两个孩子的相处之类的问题了,先好好解决大宝青春期的问题吧。

飞飞的父母在生飞飞弟弟的时候,飞飞已经15岁了。15岁的孩子,身体已经开始发育,心理上也在经历从孩子到成年人的过渡。这

95

时候的飞飞，明明身体上还是一个孩子，心理上却觉得自己仿佛已经十分成熟。

所以，在妈妈怀孕期间，飞飞就在以"大人"的角度思考家中要二孩的事情。

"财产的问题，我觉得你们应该考虑清楚，"飞飞一本正经地对爸爸妈妈说，"以后家里给弟弟多少，给我多少，最好现在就拟订一个计划。"

那时候，爸爸妈妈也没多想，为了家庭的和睦，给飞飞做了一个未来家庭财产分割计划。

但父母没想到，问题远远没有解决。弟弟出生之后，飞飞又因为各种事情，找父母的别扭。

比如，弟弟太吵，影响飞飞的学习，飞飞不高兴；爸爸只知道照顾弟弟而不能陪飞飞去打球，飞飞不高兴；弟弟吃饭弄脏了餐桌，飞飞也会不高兴。

渐渐地，飞飞与父母之间出现了裂痕。

飞飞是不是真的因为弟弟的到来而影响到自己的生活了呢？也许有一点，但那不是他找父母麻烦的主要原因。最主要的原因是，他在闹情绪。他有很多的不良情绪，弟弟的到来激发了这些情绪。

处于青春期的孩子的确容易情绪敏感，也正因为如此，父母才更应该给这样的孩子更多的关注。处于青春期的孩子有许多的心事。如果父母只专注爱护二宝，那么大宝就很容易出现心理问题。

当一个孩子处于青春期，那就别跟他讲要与家人和睦相处之类的大道理，先去解决青春期的问题。了解他的心里都在想什么。他是不是对班级里的哪个同学特别有好感，甚至萌生爱意？他是不是与朋友闹了矛盾?他是不是对未来很迷茫?当安抚了他那颗情感过于丰富的内心,再来教育他如何爱护他的弟弟或妹妹吧。

别给青春带来阴霾

青春期,说它讨人厌,也的确是讨人厌。一个孩子原本生活得开开心心,忽然之间就什么麻烦都来了。但说它美好,它又是人的一生中最美好的岁月。在这段时期,仿佛阳光永远是温暖的,雨天永远是浪漫的,操场上的欢声笑语永远是充满诗意的。

当一个人回首从前,许多人都会感慨在青春期留下了许多遗憾。遗憾的原因有很多,有些是内因,有些是外因。不论是内因还是外因,家庭在其中都起到十分重要的作用。

一个处于青春期的大宝,他的家中又迎来了一个婴儿。那么,当他渐渐长大,回想起这段时光,也许充满了婴儿的哭闹声和到处都是的纸尿裤,也许充满了弟弟或妹妹对他温柔的爱意。造成其中不同的便是父母营造出来的环境和氛围。

小计16岁的时候,他的父母给家里添了一个可爱的女婴。父母十分用心地呵护这个婴儿。当父母忙起来的时候,他们会让小计来帮忙照看婴儿。他们用心地教给小计照顾婴儿的方式,如何换纸尿裤,如何哄睡觉,如何亲吻。他们并没指望小计为他们分担太多,只是想通过这种方式,让小计感受到更多的兄妹之间的联系。

在小计照顾妹妹的过程中,妹妹也十分喜欢哥哥。她总是黏在哥哥的身上,对着哥哥笑,亲吻哥哥的脸,还会在跌倒的时候,喊哥哥来扶她起来。

渐渐地,小计的内心发生了变化,他变得更加有责任心,也更加有耐心了。

小计这样的家庭其实非常多。因为父母拥有足够的耐心和足够的关爱，才使得青春期懵懂的小计顺利度过了迷茫期。但也有些家庭中的父母没有这样的耐心。当大宝要照顾二宝时，有的父母会把大宝吼到一旁，要么是害怕大宝把二宝摔到地上，要么是害怕大宝笨手笨脚做不好。

其实，父母在最初照顾孩子时也是笨手笨脚的，又何必苛求孩子呢？

你的孩子正处于一个非常重要的成长期，千万不要在这个时期内给他打击，更不要放弃关怀这个孩子的内心。

别太战战兢兢

还有这么一类父母，孩子敏感时，父母比孩子更敏感。孩子只是皱一下眉，父母就嘘寒问暖；孩子只是晚饭少吃了一口，父母就宛若天塌下来一般，非要追问到底。

请不要这样战战兢兢，你们把整个家庭的空气都变得紧张了。

家庭应当是舒适的归巢，这里不应当让人感到紧张，而应当让人感到轻松才对。

不论到什么时候，爱和尊重是永远的主题。尊重他的自我，关爱他的内心。同时，也让他学会尊重其他人的自我，关爱其他人的内心。只要做到这几样，什么问题都不是问题了。

4.4 吃奶，跟妈妈的爱无关

母乳喂养不能放弃

这件事早已经被强调过无数遍。很多营养专家、育儿专家、教育专家都会告诉你，在婴儿出生最初的那一年里，千万不要放弃母乳喂养。

母乳喂养对独生子女家庭来说，比较好实现。但对二孩家庭来说，可能就有些困难了。因为当你需要同时照顾两个孩子，还要分出时间来为一个孩子喂母乳，就容易感觉分身乏术。

做过一次母亲的人更能体会到，母乳喂养不仅是喂养那一段时间的事情，可以说在母乳喂养的整整一年内，母亲身上都背负着常人难以想象的负担。如果在这段时间里，还要兼顾大宝，想想就让人头大。

尽管如此，仍然不能放弃母乳喂养，因为那可以说是一个婴儿来到世上的最初的财富。

然而，除了精力上的分配问题，在喂养小宝宝时，大宝的态度也是一个问题。

婴儿最为幸福的时刻，大概就是他窝在妈妈的怀中，安静地吃奶的片刻。在饱餐一顿的同时，他还能感受到妈妈的温暖的怀抱，那简直宛若人间的天堂。

可这只是婴儿的特别优待，对那些早已度过断奶期的幼儿来说，可就没有这样的好事。

于是，在看到妈妈喂养小宝宝时，有些敏感的大宝就会陷入落寞之中。他会感到妈妈的怀抱已经不再属于自己，会觉得妈妈只爱另一个孩子。

和大宝回忆他的婴儿时光

要排解大宝的这种情绪其实不难，因为当初妈妈在喂养大宝的时候，也是一模一样的。不如把这当作一个增进与大宝的感情的契机，与大宝共同回忆一下当年。

云云妈妈在喂云云的弟弟吃东西时，特别喜欢跟云云回想当年。

"那时候，你比弟弟还小呢，你一直抓着妈妈的衣服不放，像是担心妈妈会把你丢下一样。"

云云哈哈大笑，那个温馨的画面在她的脑海里其实很滑稽，因为在小小的她看来，此时弟弟的样子就很滑稽。

"你看弟弟的小手，多小啊，你当初也跟他一个样子。"

"我也像他一样那么胖吗？"

"你没这么胖，你要看看我们的照片吗？"

云云立刻点了点头。于是，妈妈从电脑里翻找云云婴儿时期的那些照片。在照片里，云云看到了当初的自己，也看到了妈妈对她的深深爱意。

接着，她又看到了正躺在婴儿床里，跟她当初很相似的弟弟。

"他可真可爱，就像我一样可爱！"

"所以，你们两个都是妈妈的宝贝啊！"

妈妈在云云的脸上轻轻地亲了一口。

美好的回忆是个好东西，它可以在你的情绪进入死胡同的时候，提醒你曾拥有的美好的东西。

二宝处于婴儿期时，父母总要把很多的精力放在照顾二宝上，对大宝疏于照顾的情况时有发生。既然已经发生，父母就要想办法来补救。如何在大宝闹情绪的时候安抚大宝呢？只要跳出当下，用回忆来提醒大宝，父母的爱从未减少就好了。

其实，不仅仅是育儿，人们在许多时候，都可以用回忆美好的事物来治疗受伤害的心。比如，一对闹了矛盾的恋人，或者是一对意见出现分歧的朋友，一旦回想当年，他们的心很快便会柔软下来。

跟大宝讲讲婴儿的喂食理论

说到喂养二宝，父母倒不妨让大宝也参与到这个过程中来。因为养育二宝始终是一项家庭活动，应当每个家庭成员都参与其中。

如果大宝对妈妈喂养二宝的事情有情绪，有意见，那么不妨直接让大宝参与喂养。这样反而会引起大宝的兴趣。

昕昕妈妈就是这么做的。那时候，她刚把妹妹接回家几天，家中的姐姐昕昕便开始闹情绪。

昕昕是个喜欢黏着妈妈的小女孩，平时不坐在妈妈的怀里，就浑身不舒服。所以，当妈妈的怀里出现另一个宝宝时，昕昕就变得非常不满，开始不停地埋怨妈妈。

于是，妈妈给昕昕讲了母乳喂养的重要性，告诉昕昕，当年妈妈也是这样喂养她的。

"现在的妹妹就和当年的你一样，一样脆弱，一样需要呵护。当初，全家人都在用心呵护你。现在，你能跟妈妈一起来呵护妹妹吗？"

昕昕似懂非懂地点了点头，说："可是，我不知道该怎么做。"

"你可以帮我搅拌米糊，还可以在妈妈喂奶的时候保持安静，让妹妹安心吃奶。昕昕这么可爱，一定会是一个好姐姐的。"

就这样，喂奶这件事成了妈妈与昕昕两个人的事情。每天，昕昕都会盯着时间，时间一到，就立刻提醒妈妈给妹妹喂奶。当妹妹需要吃米糊时，她会立刻去厨房给妹妹搅拌米糊。她把这件事当作一个非常重要的任务来做，每一次都搅拌得认真极了。

昕昕再也没有因为家中增添了许多工作而抱怨什么，相反，对于自己参与其中的这件事情，她非常有成就感。

其实，这个问题强调过多次，消除大宝不良情绪的最好的方式就是让大宝参与其中。但不是要给大宝增添负担，只是给他增加一些不影响他平时生活节奏的小插曲，给他小小的肩头上放置一份责任。

现在看来，这只是一些小事，但这些小事会渐渐成为塑造大宝性格的关键点。随着时间的推移，带着这些小责任、小任务的大宝，必然会成长为一个更有爱心、更有责任心的人。

第五章
避开二孩养育的禁区

养育两个孩子与养育一个孩子不同,缺少经验的父母很可能会触碰到一些"禁区",这就需要父母平时多留心,别因为一时的粗心给孩子带来伤害。比如,如何对待隔代教育?当孩子之间发生纠纷,父母怎样做,才不会伤害到任何一方?

5.1　千万不要把大宝送到爷爷奶奶家

短期的分别也可能造成一生的伤害

琪琪回家的那年，已经8岁了。在那之前，她在奶奶的家里生活了6年多。之所以没有留在父母身边，不是因为父母在外打工，而是因为父母在她2岁时又生了第二个孩子。父母感到力不从心，就把琪琪送去奶奶家。从那时起，琪琪与父母的唯一联系，就是逢年过节时，奶奶带着琪琪去父母家里待上几天。

对琪琪来说，她的"家"就是有爷爷和奶奶的乡下的家。而父母的家，则是父母与弟弟共同的家。她的家人是爷爷和奶奶，至于爸爸、妈妈和弟弟，只是偶尔会去探望的"亲戚"。

在这样的情况下，当琪琪被奶奶送回父母家中时，可以想见，琪琪会产生怎样强烈的排斥情绪。

但不论她怎样抗争，父母都不可能把她再送回奶奶家了，因为她需要父母所在的大城市提供的教育。这时候，弟弟已经长大些，父母能腾出更多的时间和精力来同时教育两个孩子。

矛盾就这样产生了。琪琪不能接受父母的严厉教育，父母不能接受琪琪在奶奶家中养成的懒散习惯，原本平静的家里出现不断的争吵声。

"她小时候多可爱啊！她以前那么乖巧，怎么现在变得这么恶劣！"妻子伤心地对丈夫说，她甚至不愿意多看一眼眼前这个处处跟她作对的女孩子。

不明白琪琪妈妈这样的家长究竟有什么资格指责孩子。

为什么你的孩子变得这么恶劣？为什么你要抛弃你的孩子6年多？

只是送去奶奶家，不是抛弃？不。从孩子的角度来看，这就是彻彻底底的抛弃。

父母因为另一个孩子的到来，而把原本的孩子彻底剥离这个家，好像那是一个累赘，必须甩开才行。明明只要合理规划，明明只要多用一点心，只要夫妻两个人齐心合力，就能把一切安排妥当，偏偏要使用把孩子送走这个对家庭、对家人伤害最大的做法。这已经不是不负责任的问题，而是彻彻底底的失职。

在我国的一些偏远地区，有不少的留守儿童。因为生活困窘，他们的父母双双外出打工，留孩子在家与老人同住。结果，孩子得不到父母的爱，也得不到更科学的教育，在他们最稚嫩的内心，容易留下永远无法弥补的缺口。

留守儿童的问题多半是出于生活的无奈。那么，二孩家庭呢？是否真的那么艰难，艰难到不得不送走大宝？

有的人从小到大跟父母的关系都不融洽。在指责孩子不孝的时候，是否应该回想一下，在孩子成长的过程中，父母是否尽到了应有的责任呢？

有一个朋友说过，她在养育孩子的期间，从没在孩子的成长中缺席过。不论多忙，不论多想出去玩，她都会把孩子放在第一位。

"谁知道当我不在孩子身边时，她会做出什么伤害自己的事呢？再说，看不到妈妈，她得多伤心啊！"

孩子一天看不到爸爸妈妈都会伤心，更何况几个月、几年呢？

当孩子还小时，思考问题的方式很简单，当父母远离他时，他往往只会认为父母不再爱他了。哪怕父母一再强调会接他回来,他也不可能把眼光放得那么远。而当他意识到这一切都是因为家中的第二个孩子,他就会认为,是因为弟弟(妹妹)的到来,才把他从原本的家庭中挤走的。

那么,他认为,父母跟弟弟(妹妹)都是自己的对立面,这个想法也就没有什么不对了。

关于这个问题,教育专家已经强调过多次。很多社会调查结果也都说明,父母缺席子女的教育,将会造成多么恶劣的后果。

教育的道路上,父母不能缺席

作为"80后"的一员,小鱼的妈妈哪怕在当妈妈的第三年,仍然像个孩子一样玩心不减。尽管已经为人妻、为人母,她的一颗心仍然蠢蠢欲动,总想出去玩一玩,就像单身时那样。

好在小鱼的外婆已经退休,有大把的空闲时间。于是,在做了一系列周密的计划后,她决定把3岁的小鱼暂时放在外婆家里,自己则跟丈夫一起去环游世界。

她的丈夫也跟她一样喜欢旅游,甚至可以说贪玩,自然十分开心地接受了她的计划。

他们离开的那天,小鱼很开心地跟他们说了"再见"。这让他们更加放心,带着轻松的心情踏上了旅程。

他们玩了近4个月的时间。

4个月后,他们心满意足地回来,第一件事就是去小鱼的外婆家接小鱼回来。当见到女儿时,他们惊讶地发现,女儿竟然瘦了整整一圈!原本水嫩嫩的小脸蛋变得干巴巴的,跟从前那个可爱、漂亮的小女孩简直判若两人。

"你们总算回来啦!"见到小鱼的父母,外婆如释重负地说,"小鱼吃不好,睡不好,我给她做什么她也不吃,陪她说话她也不说,总是一个人躲在一边偷着哭,好像我是个'狼外婆'!"

小鱼的妈妈当时觉得心都快要碎了,她的小鱼向来乖巧,哪受过这种委屈?然而,这份委屈偏偏就是她给孩子带来的。

从那之后,小鱼的妈妈和小鱼的爸爸再也没有单独出去玩过,就算起了玩心,也会带着小鱼一起去。

关于不要缺席子女的教育,很多人强调最多的是,父母的教育理念相对科学,比老一辈更能培养出优秀、懂事的孩子。但这不是最重要的原因。最重要的是,只有在父母身边,孩子才能得到家的安全感。这份安全感,任何人都无法替代。隔代老人不论多么开明,对孩子多好,都不能让孩子得到那份只有父母亲才能给予的安心。

仔细观察就会发现,在许多孩子的心目中,即使父母对待他们的方式不太好,或者父母不太重视他们,他们也喜欢留在父母的身边。这是流淌在人类血液里的天性。一个哪怕从未见过妈妈的人,仍然会渴望妈妈的爱;一个经常被爸爸打骂的人,依然会把爸爸当作最大的依靠。

同样的教育方式,只有通过父母来使用才能达到最好的效果,父母永远不要低估自己在孩子心中的重要性。当你把孩子推到另一扇门内,你同时也在辜负那个全世界最信任、最需要你的人。

在养育二孩的过程中,尽管大宝的存在,会为你们增添许多工作量,但同时也会帮你们解决许多麻烦。比如,二宝哭闹时,大宝可以代替你们陪伴二宝玩耍;二宝孤单时,大宝可以与二宝成为彼此的依靠。

所以,何必因噎废食,要做对双方都不利的事情呢?

二孩家庭里的二宝其实是最幸福的,因为他们一出生就有了最亲密的小伙伴,他们不用担心寂寞、落单,不怕得不到大人的理解。

家长在送走大宝的同时,也剥夺了二宝的一个珍宝,而这仅仅是因为父母不想操心太多。不论从哪个角度来看,这样的做法都太过自私,也太过蛮横。

孩子不是你的玩具

之前,网上有一段视频。视频里是两个孩子在打架,录制视频的应该是孩子的爸爸。从视频里传出的说话声可以听出,是爸爸在怂恿两个孩子打架,当一个孩子把另一个孩子打倒在地,爸爸还在喊着让那个倒下的孩子站起来。

"你站起来啊!打他!打他!"

伴随着训话声,还能听到爸爸的笑声和小孩子的哭声。

当时特别惊讶,竟然有这么恶劣且无知的家长!

对于这个家长来说,也许这只是一场游戏,但对于两个孩子来说呢?

孩子看起来不大,一个有4岁多,一个3岁的样子。可能在一些家长看来,这么大的孩子就是很好玩,他们像宠物,所以怎样玩耍都可以。

抱有这种想法的人,就算孩子长到七八岁,甚至到十几岁,仍然无法用正确的眼光对待孩子。哪怕孩子长大成人,他同样做不到用正确的眼光对待孩子。

有的家长,在孩子小时候,可能对孩子说:"去打他啊,你怎么不打他?真怂!"等孩子到了青春期,家长的话可能变成:"这么大的孩子能有什么心事?真能没事找事!"等孩子长大了,家长的话又可能变成:"这么大了,还赚这么点钱,半点出息都没有!"

于是,在孩子的成长过程中,家长没做过称职的家长,孩子也基本上没做过舒心的孩子。

在安安的家里，有一句话经常被父母挂在嘴边。

"以后好吃的都给你弟弟，不给你了！"

这句话可以出现在许多完全不同的语境里。比如，有一天，父亲问安安："你喜不喜欢爸爸？"

那天，安安刚好在生爸爸的气，于是没说话，摇了摇头。

爸爸又问："你不喜欢爸爸了是吗？"

才3岁的安安，十分诚实地点了点头，因为对当时那个正在生气的她来说，确实处于不喜欢爸爸的状态中。

"那好吧，"爸爸假装生气地说，"那以后爸爸买好吃的都给你弟弟，不给你了！"

安安的弟弟不到2岁，正是会跟姐姐抢东西的年纪。几天前，他把姐姐的一个蝴蝶结抢走了，至今未还。于是，听到这里，安安"哇"的一声大哭起来，仿佛受到了天大的委屈。爸爸连忙又抱又哄，半天才算哄好。

几天后，安安在玩耍的时候，不小心弄脏了爸爸的书桌。这时，爸爸又说了这句话。

"安安真淘气，爸爸以后买好吃的都给弟弟，不给你了！"

于是，又是一阵子哭闹。

家里有好吃的、好玩的，爸爸妈妈并没有真的只给弟弟，不给安安。但时间久了，就会给孩子留下一个印象，那就是自己不能做任何错事，只要做了错事，弟弟就会把自己的一切都抢走。小孩子又不可能完全不犯错。渐渐地，孩子就只会认为，弟弟早晚有一天会把自己的东西都抢走。

玩笑这个概念,可以说是调节气氛的幽默,也可以说是语气柔和的试探。有些人喜欢开别人的玩笑,不过是借着玩笑来体现内心对他人的调侃;有些人喜欢用玩笑的口吻说话,不过是用来掩饰自己不敢轻易表露的真心。因此,当父母开孩子玩笑的时候,别说孩子会当真多少,父母如何敢保证那话里没有一点真心的意思呢?

对玩笑话较真,不是成熟的成年人该做的事情。但是,如果面对的是孩子,还是要多注意一些。另外,语言的分寸感,会造成不同的聆听效果。如果在亲子沟通的过程中,父母不能很好地掌握这一点,会让孩子感到伤心与不适。

家长需要学会换位思考

曾经参加一次教育讲座。一位教育方面的权威教授让我们试着蹲下身来,用孩子的高度来看这个世界,并让我们记录当时的感受。

当时,最直观的感受就是,怎么周围的人都好像看不到我,也完全不看我呢?甚至不用开口说话,就能预料到对方必然听不见我们的声音。因为他们的眼睛和耳朵都高高在上,中间的高度差让我们不能在一个水平面上交流。

而这,就是孩子们看向家长时的直观感受。

在情商教育方面,最重要的一点就是换位思考。这点在子女教育里反而很少被提到,大概是因为有些人认为没必要,还有些人认为实施起来太难。

建议家长最好多用孩子的眼光去看看世界,用孩子般的心去感受世界。

有一次,阳宝放学回家,兴奋地对爸爸说,幼儿园老师讲了一个很有趣的故事，小朋友们都很喜欢，他想把它分享给爸爸和哥哥。

爸爸和哥哥都表示很想听，于是，阳宝兴致勃勃地开始讲。刚讲了个开头，哥哥就抢着说："这个我听过了，真无聊。"于是，跑到一边玩自己的积木玩具。

为了鼓励阳宝，爸爸对他说："这么有趣的故事，爸爸没有听过，阳宝继续讲吧。"于是，阳宝的眼睛再次亮了起来，继续讲下去。

此时，爸爸的手机屏幕开始闪烁，在公司加班的员工发来了邮件。他立刻拿起手机，一边回复邮件，一边回应阳宝。阳宝忽然停止了讲故事，愣愣地看了爸爸几秒，然后幽幽地说："爸爸，如果你觉得我讲得不好，我不讲就是了。"他抹着眼泪转身离开。

事后，爸爸诚恳地向阳宝道歉。在这个事件中，如果站在大人的立场看，公司事务紧急，听故事时回复一下邮件没有什么不对。但是如果站在孩子的角度去体会，就能感受到阳宝的难过与伤心。

那个小小的孩子，充满期待地要和亲人分享有趣的故事，但是接连被无视和忽略。如果成年人去面对，也难免失落。

换位思考，就是懂得站在别人的角度去感受。如果能够设身处地将自己想象成孩子，站在孩子的角度去感受，这样的亲子关系就会少许多隔阂与误解。每个人都走在自己的单行道上，终究要对自己的人生负责。而生命的意义，朋友的意义，家人的意义，就是可以以心换心，可以懂得，可以安慰。

113

5.3 不要把"让着弟弟妹妹"挂在嘴边

谁都没有义务让着谁

在中国,但凡做哥哥的,或者做姐姐的,恐怕没少听过这样的话:"他还小,你得让着他。"

"他多大,你多大,你还跟他抢,真是不知羞!"

"你都那么大的人了,就不能让着弟弟吗?弟弟比你小2岁呢!"

"你都上小学了,他还在读幼儿园呢,你得让着他!"

……

于是,从几岁,让到十几岁,再让到二十几岁。没办法,对方永远都比自己小那么几岁,永远都得让着。谁让自己出生得早呢!

于是,看到别人家的独生子女,羡慕不已。看看人家,什么都是自己的,不用让着这个,也不用让着那个,好东西都能独享。

在二孩家庭里,本来应当是1+1>2的,让人觉得更有安全感、更温馨,反而让孩子觉得还不如独生子女家庭。这就是教育失败的地方。

为什么总要大的让着小的呢?

当大的4岁时,小的2岁,这时候,大的要让着小的。当小的长到4岁时,大的6岁了,还是让大的让着小的。这不禁让人疑惑,既然小的长到4岁时有人让着,那么凭什么大的孩子在4岁时却得让着别人?同样是4岁,为什么是不同的命运?为什么人生要这样不公平?

人生确实具有不公平之处。但在家庭里,在这个最基本的港湾里,在家人之间,应当实现相对公平吧。

都是父母的孩子,凭什么要过着完全不同的人生?

一个永远在索取和获得,一个永远在失去和付出。

这对两个孩子来说,都没什么好处。对大的来说,总是得不到重视,总是被剥削,容易心理不平衡;对小的来说,永远有人让着他,久而久之习惯了,当离开家,发现竟然不是每个人都会惯着他,便开始无法接受现实。

曲妈妈在教育子女方面非常小心翼翼,不该说的话,不该做的事,她一律避开,就是为了给家中的两个孩子营造最安全、舒适的成长环境。

但她有自己的事业,总有分身乏术的时候。

有一次,她需要到外地去开会,丈夫的工作也脱不开身,她就决定临时把两个孩子交给孩子的奶奶照看。

她早上出门,晚上才回家。回家时,看到女儿在伤心地哭泣,儿子的脸色也不好看,在他的脚边堆着乱糟糟的玩具。

询问过才知道,原来之前弟弟拿姐姐的文具盒,姐姐不让,奶奶就给抢了过来,说这么个东西,就让给弟弟玩一会儿吧!之后,弟弟就像得到了圣旨,一会儿抢姐姐的橡皮擦,一会儿抢姐姐的玩具。

最后,姐姐一气之下把自己柜子里的玩具全都掏了出来,一股脑儿丢给弟弟,大喊一声:"我什么都不要了!都给你!"

那是曲妈妈第一次看到女儿哭得那么伤心。

我们一直在说分享,而分享的前提是分享者自愿贡献。抢来的东西不叫被分享,那是"强盗"行径。

奶奶的行为,说白了,就是在包庇"强盗",还指责受害者。只是一天的时间,两个好好的孩子,一个成了不讲理的"强盗",一个成了有冤难诉的"可怜人"。

家庭是社会中的最小单位,不要让社会中丑恶的现象发生在家庭中。

处理孩子间的纠纷是一门学问

当孩子间发生纠纷,父母究竟怎样做,才不会伤害到任何一方?

总是让大的让着小的,显然是比较糟糕的处理方式。那么,正确的处理方式是什么?

其实,小孩子闹矛盾就像夫妻吵架。有的夫妻,吵几次就再也无法一起生活下去,进而选择离婚;有的夫妻,越吵越亲密,到最后谁都离不开谁。结果不同是因为看待吵架的方式和处理方式不同。

门女士有两个可爱的宝宝,他们年龄相差不大,正因为如此,两个孩子争吵的次数比每天吃饭的次数还多。她已经数不清两个孩子一天要吵上多少次了。争吵的内容千奇百怪,有时候,因为一句歌词都能吵起来。

但在这样吵吵闹闹的环境下,两个孩子仍然认为,只有彼此,才是最好的伙伴。

大概因为两个都是男孩子,他们的吵架并不局限于争个口头上的输赢,有时,一言不合就上手。

某次打架,似乎开始于抢鼠标;接着,就开始互相追着跑;然后,就变成互相打闹;最后,变成纠缠在一起你挠我、我抓你了。

当门女士上前制止时,两个孩子的脸上都是伤,两双眼睛都在流泪。

"哥哥抢我的鼠标!"弟弟先发制人。

"才不是你的鼠标!"哥哥也不示弱。

"哥哥还挠我!"

"是你先打我的!"

在搞清楚状况后,门女士先是抢下了鼠标。

"你们打架,所以没收鼠标!"门女士严厉地说,"现在告诉我,谁先打的谁?"

哥哥指弟弟,弟弟指哥哥。然后,弟弟想了想,又指了指自己。

"既然是弟弟先打的哥哥,弟弟要对哥哥说'对不起'!"

弟弟很听话地说了。

"哥哥也打了弟弟,也要说'对不起'!"

哥哥也说了。

"哥哥脸上有伤,弟弟给哥哥吹一吹!"

弟弟听话地踮起脚,在哥哥被挠坏的脸上吹了吹。哥哥没等妈妈说,也吹了吹弟弟的伤口。

这次打架之后,两个人沉默了一阵子。但很快,门女士又听见两个孩子在一起嘻嘻哈哈地玩闹了。

门女士这样处理,大概因为她本身就是幼教工作者。其他家长不妨学学门女士的处理方式。不用非得按照她的方式来,但可以把自己放在幼儿园老师的立场上去处理问题。因为幼儿园老师对孩子不偏不倚,做到公平的同时,又要保护孩子之间的友情。

当处理子女纠纷时,最重要的是,一定要把年龄差放在一边,把他们当成两个同龄人来处理。这样做,比因为年龄不同而区别对待妥善得多。

5.4 绝不更改大宝的生活规律

谁应该妥协谁

当过父母的应该知道,要培养一个孩子好的行为习惯是件多么不容易的事情。

孩子,天性就是喜欢放松,喜欢玩,喜欢一切新奇、有趣的事物。但如果放任孩子这样发展,那就是家长的失职了。

一个人3岁时,是形成行为习惯的黄金时期。训练讲话声调、学习待人接物的方式、知道活动重心等事情都是在这一年龄段完成的。有这样一位妈妈,她在孩子一岁多时,就开始每天抱着孩子给他读书,也不管他是否听得懂,始终坚持读下去。到了2岁,孩子会自己翻书了。到了3岁,孩子能对着书本读出许多句子了。四五岁之后,孩子一直保持着良好的阅读习惯。在身边所有的同龄人中,他的阅读量是最大的,也认字最多。

那么,如此不容易培养出的良好习惯,就要因为另一个孩子的到来而有所改变吗?

兵兵是喜欢动脑的孩子,平时在家,他总喜欢对照着书本鼓捣那些科学小实验,他能在土豆上点亮小灯笼,也能在水盆里做一个精致的潜水艇。这可以说已经成为他为数不多的爱好之一。

但是当妹妹到来之后,这个爱好面临着"灭顶之灾"。

因为几乎兵兵所有的科学实验的器材包装上都写着:禁止3岁以下的儿童接触。

兵兵的妹妹才一岁多。

在满周岁之前，妹妹的活动范围很小，父母也没太在意。当妹妹学会走路，可以轻松地在所有房间里窜来窜去之后，问题就来了。

有的小零件带有尖利的部件，有的化学物质可能对人体有害，这些都在妹妹可以触及的范围之内。兵兵的爱好，对妹妹来说就是安全隐患，必须除掉！

可是，这样一来，兵兵该怎么办？为了妹妹，从此便放弃这个爱好吗？看起来只有这一条路了。

当妈妈把兵兵的东西全部收拾起来时，兵兵整个人都失魂落魄似的。

"我以后再也不能做小实验了，对吗？"

"你可以等妹妹长大些再做。"

"那要等到什么时候？"

"三四年吧。"

对兵兵来说，三四年好像有一辈子那么长。

是不是真的必须这样做？是不是一定要对一个孩子这么残忍？

孩子的世界只有那么大而已。你小的时候，你所珍视的那些东西，在现在看来可能不值一提，可在当时，它们就是你的全部。比如，一颗漂亮的弹珠，一副从食品袋里收集的小卡片。那些根本不值钱的小东西，却能填满孩子的心。

兵兵发自内心地热爱科学，这是难能可贵的。或许他能一直坚持他的实验，说不定在未来能从事这方面的研究。或许，这是他童年的一段美好回忆。毫无疑问，这是属于他自己的选择。

是不是为了妹妹，这个孩子就要放弃自己的爱好？没必要吧。

人的一生是由这样一些看起来微不足道的瞬间链接起来的。这样失去一次链接，是兵兵的遗憾，也是父母无意间对孩子权利的剥夺。

其实，兵兵的情况并不难解决。妈妈在收起那些东西之后，可以给兵兵单独准备一个带锁的小柜子，让兵兵把实验可能用到的东西都放在柜子里面。当妹妹睡觉时，或者妈妈给妹妹讲故事时，兵兵就可以把那些东西拿出来玩了。玩过之后，兵兵再把东西锁好。这样不仅保护了妹妹，也培养了兵兵的规矩意识。

这样，当妹妹渐渐长大，她将会在家里看到许多其他小朋友看不到的神奇东西，如哥哥做的小飞机、电路板、变色花，还有许许多多的小东西。这些将在妹妹最初的记忆中留下深刻的印象。

所以，究竟是谁该迁就谁呢？是充满想象力、对世界充满期待、有各种新奇创意的大宝，还是懵懂的二宝？

父母究竟是希望家中大宝越来越束手束脚，还是希望二宝也跟大宝一样充满活力？相信答案是很清楚的。

不要被那个可爱的小脸蛋骗了

说起来，就算父母明知不该偏心，却总是忍不住在各种事情上偏向二宝。

"他那么小，肯定是无辜的那个。"

"他那么可爱，相比之下，大宝真是越来越不可爱了！"

"他可真柔弱，父母一定要保护他，免遭大宝的欺负！"

这些是很多父母在面对孩子间纠纷问题时的内心写照。

于是，父母总是让大宝妥协，总是让大宝让步。为了二宝的健康成长，大宝要牺牲这个，牺牲那个，最好别说话，也别乱动，总之别让二宝受到任何的委屈。

人类有一个天性，那就是对可爱的事物无法抗拒。

在自然法则里，这种本能是为了物种的顺利延续。只有整个种群都保持对幼小生物的无法克制的爱护，才能保证这个物种的每一代都能顺利成长起来。当然，这只是众多假说中的一种，其中含有多少科学性并不可考。但人类确实对可爱的小宝宝有着自然而然的偏向。

在孩子中间，有一种连大人都时常无法一眼看穿的博弈，叫作"哪个能被家长喜欢"。

有的孩子会为了获得父母的支持或注意，故意弄伤自己。这种事说出来可能很少有人相信，但这样的事情确实存在。当然，一般情况下，不会认为这样的孩子心机重，只会觉得他比较机灵，知道如何在这场竞争中取得胜利。

沈妈妈的两个宝宝平时很少给她出难题，因为平日里，两个孩子中，一个读小学，另一个读幼儿园。回家之后，两个孩子和谐地在一起玩一会儿，就如同其他所有幸福的家庭那样。

但到了放假时，情况就渐渐失控了。

放假就意味着全天待在家，大宝要做假期作业，二宝要看动画片。这时候，很容易发生冲突。大宝做作业时必须独自完成，二宝看动画片时，却希望大宝能陪他一起看。

为了让大宝陪自己看动画片，二宝可谓使出了浑身解数。他会藏起大宝的书本，会故意碰掉大宝的文具，或者直接去冰箱里拿出两瓶奶来"引诱"大宝，简直是花样百出。

但大宝是个爱学习的好孩子，他对二宝的行为很愤怒，于是无法避免地,两个孩子就发生了冲突。

这样,当沈妈妈回到家,首先迎接她的就是二宝满是委屈的小脸蛋。

"哥哥不喜欢我!"

沈妈妈心都要碎了,觉得二宝一定是受了天大的委屈。接下来,不论大宝说什么,沈妈妈都只是越发觉得二宝太可怜,太令人心疼。

要说心疼,也的确很让人心疼。小宝宝一心一意想要跟哥哥一起玩,可哥哥竟然百般不理人,简直伤透了小宝宝的心。但是仔细想想,大宝就不可怜吗?

假期任务说轻松也不轻松,如果完不成是要被老师批评的。就算完成了假期作业,可是如果没做好下学期功课的预习,上课时,大家都会而他不会,他也是有压力的。结果到头来,假期作业不让写,书不让看,还要被弟弟指责,被妈妈埋怨,他做错了什么呢?

也许就错在不如小宝那么可爱惹人怜吧。

可是,大宝也是家里的孩子,就因为弟弟可怜兮兮的,父母就不讲道理了吗?这实在是不应该。

一般情况下,小宝宝看起来总是比大宝要可爱一些,柔弱一些。但是父母在喜爱孩子的同时,也不要放弃公平,多站在大宝的角度去想一想,多为大宝考虑考虑,不要以牺牲大宝为代价,来换取小宝的一个开心的笑容。

那样不仅残忍,也不公平,而且是对两个孩子都不公平。

第六章
他们对彼此的意义,才是父母最好的爱

孩子们自然是父母的宝贝,但是比起对父母的意义,两个孩子对彼此的意义比什么都重要。除了父母,孩子还会在意家庭中的另一个成员,他们年龄接近,心境相似,也更容易互相理解。

在这种情况下,父母可以试着削弱自身的存在感,创造条件来让两个孩子之间实现更深的联系。

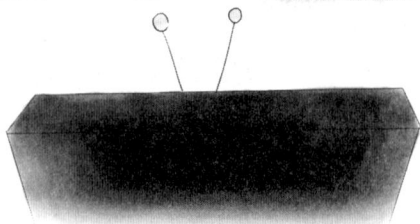

6.1　培养大宝呵护二宝的习惯

爱别人是一种能力

毫不夸张地说,有的人终其一生都没能学会如何爱别人。

在一些情感热线类的节目中,我们经常听到有人哭诉爱情是如何难求,不是因为追求不到心爱的人而哭,而是因为得不到他人的爱而哭。这些人觉得这个世界上根本没有人爱他们,不论他们怎么做,到最后都是孤零零一个人。

这些节目听到最后,会发现一个非常大的漏洞,那就是,他们口口声声说没有人爱他们,但他们从头到尾都没提起过他们是如何爱别人的。他们仿佛只是立在那里,等待着别人来爱。

我们总会轻易"爱上"一些艺人或者一些优秀的人。我们看到他们身上一些吸引人的特质,比如,身材不错,长相漂亮,或者是有才华、有气质。

但那只是单恋罢了。陷入这样单恋情怀中的人,并没有能力去表达他们的爱意。说到底,他们只是想想罢了。

为什么会这样?

"爱"这个词,说来好像与快乐和悲伤同样,只是人的一种情绪。但快乐可以笑,悲伤可以哭,爱别人时却不知道该做什么。那是因为,爱原本就不是一种单纯的情绪,爱更是一种能力。

从妈妈把小灿的妹妹从妇产医院抱回家的那天开始,小灿就陷入了焦虑之中。

妹妹每天都躺在婴儿床上，有时候，小灿跑过去看妹妹一眼。但看完之后，就又跑回自己的房间。当爸爸和妈妈为妹妹忙来忙去、跑来跑去的时候，在旁边看着的小灿也满脸焦急，但最后还是悄悄地回到自己的房间里。

那时候，小灿已经10岁，已经懂得很多事情。他这样的举动与平时的表现完全不同。这引起了妈妈的注意。

在一个周末的下午，妹妹正安静地睡在婴儿床上，妈妈悄悄地来到小灿的房间，试探性地问小灿："你喜欢妹妹吗？"

小灿点了点头。

"那你为什么从来都不跟妹妹亲近呢？"

小灿用他的那双大眼睛望着妈妈，无助地说："我不知道应该怎么做啊！"

妈妈终于明白了小灿的问题所在。

很显然，小灿很喜欢妹妹，但是他不知道该如何表达他的喜欢。这让他感觉无所适从。

"你可以从小事做起，"妈妈微笑着耐心地对小灿说，"关心她的情绪，不要让她感到不开心。如果她感到不开心，做一些能让她开心的事情。关心她的身体状况，关心她的居住环境。最重要的是，你要让她感受到你对她的爱。"

小灿似懂非懂地点了点头。

二孩家庭里的大宝是幸运的。如果他的父母足够开明，那么他可以从父母那里体会到被人爱的滋味，又能从父母对待二宝的方式中学会爱别人的本领。

该如何表达爱意呢？从心底往外关心，时刻牵挂在心，努力给对方带来快乐,帮助对方排解忧伤的情绪,这便是爱一个人的最直观的表达。并且,就如同小灿的母亲所说的那样,不要吝啬你的爱,把爱彻彻底底地表现出来,让对方清楚自己是被关爱的。

说起来简单,在执行时会遇到各种各样的问题。那么,就需要不断地在实践中掌握更多的本领。至于要实践多久,可能是几个月,可能是几年,也可能是一生。

最可爱的相处模式

如果说二孩家庭中最让人感到幸福的事情,那就是看到两个孩子之间相亲相爱的互动了。大宝关心二宝,二宝对大宝撒娇,这样的画面想一想就能让人的心变得柔软。

有时候,在孩子间如何相处的问题上,父母并不适合插手太多,父母的强行干预可能会引起孩子们的反感。但是,父母又不能完全不管,他们总要给孩子指引一个正确的方向。

如何在两个孩子相处的过程中适当地干预?这是一门学问。

这里有两种方法,一种是正向心理暗示,另一种则是逆向暗示。

想让大宝去关心二宝,直接告诉大宝应该关心二宝。如果这种方式行不通的话,父母可以带着大宝,一起去关心二宝。

莎莎在二宝出生之后,就经常把大宝叫到身边,抱住他,悄声对他说:"你看他多可爱,就像你一样,他的小鼻子、小嘴巴,跟你的一样可爱。"

莎莎的怀中抱着大宝,让大宝感受到了绝对的安全感。在这样安全、舒适的氛围下,大宝很轻易地就接受了妈妈的心理暗示。更何况,他原本就觉得这个小宝宝非常可爱。

而当莎莎要为二宝做什么的时候，她也喜欢拉着大宝一起。比如，莎莎要为二宝织一顶帽子，就让大宝帮她取毛线；莎莎给二宝洗澡时，也拉着大宝一起帮忙。

久而久之，大宝比莎莎更懂得该如何照顾弟弟，原本稚嫩的大宝也变得更有男子汉的气概。

莎莎使用的便是正向心理暗示。当然，她并不是刻意为之的，她只是很喜欢这么做，带着大宝一起关心二宝，让她感到十分幸福。

但无论如何，父母适当地给子女施加一些心理暗示是完全可以的。那并不是要计谋的欺骗，而是用一种最舒适和最温柔的方式来实现对孩子的教育。

实现正向心理暗示的关键就是实施时保证对方的环境舒适。所以，在父母希望大宝能主动做什么时，最好先给予大宝足够的爱，让大宝完全进入舒适的状态，再去暗示他应该做什么和不应该做什么。

至于逆向暗示，与正向心理暗示十分相似。同样需要孩子处于完全舒适的状态中，再向大宝暗示二宝可能会受到的伤害。比如，某支削好的铅笔；又如，某块横在路中间的石头。告诉大宝，如果二宝因为这些东西受到伤害，将是多么可怜。

于是，保护欲爆棚的大宝立刻就成了"英勇的骑士"，毅然要去为二宝铲除危机。

当然，未必非得用上心理暗示。有些孩子天生就喜欢关怀弱小，有些孩子可能要跟他们讲一些道理。但不论怎样，只要父母用心去引导，必然能够看到兄友弟恭的场面。

6.2 夸奖二宝时,可以从大宝的角度出发

适当弱化父母的存在感

二孩家庭与独生子女家庭有很大的不同。其中一点是,独生子女家庭中的孩子,他唯一仰仗的就是父母,他的生活中,最让他在意的只有父母。但在二孩家庭里,父母已经失去这个唯一性,孩子会在意家庭中的另一个与他辈分相同、年纪相仿的成员。甚至可以说,更加在意那个成员,因为他们更相似,也更容易相互理解。

在这种情况下,父母可以主动削弱自身的存在感,创造条件,让两个孩子之间实现更深入的交流。

比如,从大宝的角度出发去夸奖二宝,让二宝形成大宝才是他最重要的亲人的印象。这种做法对二宝和大宝的成长都是非常有益的。

袁女士对待家中的一对姐妹时,总是表现得好像两个姐妹是一个团体,父母反而是另一个团体。

袁女士家的姐姐已经学习3年的舞蹈,妹妹刚刚起步。每次妹妹在家中表演舞蹈,问妈妈跳得如何时,袁女士总是告诉她:"去问问你姐姐,她比我要懂得多。"

"问问姐姐,你的新裙子漂不漂亮。"

渐渐地,妹妹不再来问妈妈,有任何事情,都先与姐姐探讨。只有在两姐妹都一筹莫展,需要妈妈帮忙判断时,才会去找妈妈。

从一些人的角度来看,袁女士有些懒惰,她把妹妹的一切问题都推给了姐姐,她落得一身轻松。但那真的是袁女士的真实想法吗?如果她真的只是在推卸责任,那她完全可以推给爸爸,毕竟爸爸可比姐姐经验丰富多了。一切都推给姐姐,到最后很可能麻烦又回到袁女士这里。

那么,袁女士这样看似轻松地大费周章究竟是为什么呢?说起来很简单,她就是为了在两个孩子的成长中,适当淡化她与孩子爸爸的存在感。

成长始终是一个人自己的事情,人不能永远仰仗父母,总有一天是要独立的。如果一直依靠父母,那么他长大后也会是个没有担当的人。在二孩家庭中,由于两个孩子属于同辈人,他们更能理解彼此的问题,他们可以在发现问题中逐步探讨,最后寻找到属于他们自己的答案。

答案未必是完全正确的,但一定是有价值的探究。

用不经意的言语增进他们的感情

在父母将自己的存在感一再淡化之后,就可以进一步来帮助孩子们巩固感情了。

在上幼儿园的第一天,洛洛就画了一个大大的红苹果,他画的苹果在幼儿园里不算好看的,但也不算最糟糕的。总而言之,他十分喜欢那个苹果。一直到爸爸来接他回家时,他手里还拿着那幅画。

"这是你画的?"爸爸问洛洛。

洛洛郑重地点着头。

爸爸摆出一副欣赏的姿态看着那个苹果,说:"我猜你哥哥一定会为你感到骄傲的。"

洛洛有点不敢相信，问道："哥哥会喜欢我画的苹果吗？"

"一定会！"

爸爸不是随口说的，他知道洛洛的哥哥是个善解人意的人。尽管这个苹果有着各种各样的问题，哥哥也一定不会说令洛洛失望的话。

洛洛听了，比刚才更加开心。他像对待宝贝那样，把画小心地叠起来，打算回到家之后，拿给哥哥看。

从大宝的角度来夸奖二宝，可以让二宝对大宝产生更多的依赖感。

这在心理学上是一种有趣的现象，人们往往更希望得到与自己相近的人的认同，那些距离太过遥远的人的认同反而不会对人产生太大的效果。

所以，父母不论对孩子说多少遍"你真棒"，最后的效果都不过是让孩子感到自己正在被父母关爱着。孩子对父母撒娇，想要得到一句"你真棒"，那并不是为了得到夸奖，而是为了能在父母那里得到更多的爱。

可同辈人的夸奖就不同了。

来自哥哥或姐姐的夸奖，比起来自父母的夸奖，更能让二宝感到自己真的做得不错，那会给二宝建立更多的自信。二宝也会在获得夸奖的过程中体验到更多的成就感。

至于大宝，当他意识到二宝能从自己夸奖他的话语中得到成就感，大宝也会获得一份认同感，他会感到自己的话语是有分量的。

就这样，两个孩子都在这个过程中获得了极大的满足。这会让他们之后相处得更加融洽，最终形成良性循环。

建立起他们的小世界

孩子的小世界有多么丰富呢？如果你不亲自去看一看，一定想象不到。

曾经亲眼看到朋友家的两个孩子在一起玩的场景。那天是去朋友家做客，刚好她的两个孩子都在家，于是我们在客厅里聊天，两个孩子则在每个房间穿来穿去。

我们太过专注于谈话，以至于并没注意到两个孩子在那里来回搬运什么东西。那天的谈话很愉快。到告别的时候，我们打算去孩子的房间看看，结果，看到的东西令我们大吃一惊。

我们看到在大宝的卧室里，两个孩子用椅子、被子、床单、窗帘、各种玩具以及一些晶莹剔透的小东西，组成了一个占据半个卧室的城堡！

那场面之壮观，直到现在想起来，依然叹为观止。

两个孩子仍在那里跑来跑去，嘴里嘀咕着"攻打城池"之类的话。

不禁感叹，这两个孩子实在太厉害了。

不是说他们做的这项工程有多么厉害，而是这两个孩子之间的配合默契程度很高。

跟朋友大概花了一个下午的时间来聊天。整个下午，两个孩子不打闹，不闹别扭，就这么彼此配合，建造起这样一座城堡。

如果是他们中的任何一个人来做，都不能做出这么棒的东西来。但当他们学会配合，他们就做到了，而且做得非常棒。

能做到这一点，必然是因为两个孩子已经建立起独属于他们两个人的默契,这种默契跟父母是不太可能有的。

有一个故事,兄弟两个人,其中一个人遇到了麻烦,另一个人通过其中一个人给出的暗号,最终化解了危机。那时候,兄弟两个都30多岁了,而他们彼此的暗号却是从小就确定好了的。

看,两个孩子之间拥有着父母无法想象的潜力,他们唯一需要的就是由父母为他们创造机会。

6.3　创造两个孩子交流的机会

共同成长是种别致的浪漫

在二孩家庭中,有一种浪漫是独生子女家庭中的孩子很难体会到的。

两个孩子,他们生活在同一个屋檐下,从天真无邪的年代,逐渐成长到青春期,再长大成人,各自离开家。分离之后,当他们回忆成长的过程时,那里面总包含着另一个人的身影。他们共同分享同一片天空,分享同一个关于雨天的记忆,分享同样的苦恼和同样的欢乐。

于是,不论分隔多远,他们总存在于对方的心里。就算不经常联系,再度见面时,他们依然如昨天才刚刚分别。

这实在是让许多人羡慕不已的事情。

如果父母希望自己的孩子能够拥有这样的人生,那么就要为他们创造更多的可以用来回忆的细节。

增加两个孩子一起行动的机会,增加能让孩子彼此交流的契机。要永远记得,父母总有一天会离开他们。对他们来说,彼此才是最为重要的伙伴。

小小和笑笑是一对只相差一岁的兄弟。在弟弟4岁那年,父母就把他们送去了音乐兴趣班,希望可以借此提高他们的音乐素养。

于是,他们开始学习同样的发音方式,唱同样的旋律。

原本,这两个孩子在一起时,只知道玩玩具、捏橡皮泥。自从参加了音乐兴趣班,他们之间多出了许多新的话题。

比如,班里指挥的女老师长得可真漂亮;比如,班上有个同学,不知道为什么生病了;比如,某个音,弟弟总是唱不准,哥哥就耐心地一次又一次教弟弟唱。

父母渐渐发现,这两兄弟的话题,他们已经有点搭不上话了。甚至,两兄弟有了只属于他们自己的笑话,经常会出现两兄弟笑得停不下来,父母却面面相觑的场面。

这可真让父母感到惊讶啊!两个孩子才只有四五岁,竟然就建立起了属于他们自己的独立王国!

同时,也很让父母感到欣慰。毕竟,这本来就是父母最希望看到的呀。

由此可见,要想让两个孩子进行更多的交流,其实很简单,只要把他们放到一个共同的环境中去,让他们做同一件事情,他们自然而然就凑在一起了。

父母总觉得自己似乎有操不完的心。一个孩子时,要为他考虑这个,考虑那个;两个孩子时,则要考虑双份。

其实,父母并不需要考虑那么多,因为孩子有他们自己的思维方式和行为方式,父母只需要给他们提供能让他们交流的土壤。

当然,父母之所以是父母,就是因为他们没办法不去考虑。为了孩子能健康成长,成千上万的父母可谓绞尽脑汁,只能说"可怜天下父母心"。

小孩子的世界大人不懂

网络上曾经有一个特别热门的视频。两个小宝宝在厨房里,他们说着婴儿独有的语言,你一句,我一句,就仿佛完全听懂了对方的话。这让人不禁会想,说不定婴儿真的有自己的语言呢。

谁也无法证明是不是真的有婴儿语言,但有一件事可以确定,那就是同龄人之间确实比其他人更容易理解对方。

举一个最简单的例子。你现在想一个你最好的朋友的名字,那么,这个朋友十有八九是你的同龄人。

总有父母不服气,认为只要自己的思想够开明,就不会与子女之间出现代沟。可代沟的产生并不是因为父母不够开明,而是因为许多无法改变的客观因素。比如,成长环境不同,社会的舆论变化,接受不同的教育等。这些方面只要有一些不同,就很可能产生代沟。

所以,不要强迫自己去理解孩子们的世界!很多时候,父母得学会放手。

珍女士有两个非常聪明的女儿。在女儿的学习方面,珍女士从来不需要操太多的心。直到小女儿读小学,珍女士发现小女儿竟然学不会乘法口诀。

这让珍女士很意外,乘法口诀并不是很难背,小女儿那么聪明,应该是轻轻松松就能背下来才对。怎么会在这里栽了跟头呢?

于是,珍女士开始给小女儿做强化训练,可不论她怎么强化,小女儿就是背不出乘法口诀。

这可就麻烦了,学不会乘法口诀的话,后面的数学也都没办法学了。

珍女士犯了愁,小女儿也很犯愁,她不想自己这么不争气。但背不下来就是背不下来,她越努力去背,越是心烦意乱,更是背得一塌糊涂。

就在珍女士一筹莫展的时候，某天，小女儿神神秘秘地来到珍女士的面前，顺顺当当地背出了乘法口诀。

珍女士十分惊奇，问她究竟是怎样做到的。她说姐姐悄悄告诉了她背诵乘法口诀的方法。这个方法没什么过人之处，但她就像是忽然开了窍，只背几遍就完全背熟了。

这说起来很奇妙，但并不难理解。同样的一句话，从两个人口中说出来就会变得完全不同，一个对方听不懂，另一个对方很容易懂。决定这种结果的，有可能是讲话者的语气不同，也有可能是听者的心理状态不同。

对珍女士的小女儿来说，大概就是结合了两者。她在姐姐的面前更放松，没有压力。同时，姐姐讲话的语气也更容易被妹妹接受。因此，之前不会背的乘法口诀，在经过姐姐的指点之后，会背了，也就不奇怪。

所以说，当大人无法理解孩子的世界时，就别强行理解。不如放手让他们更加自由自在地交流，让他们磨合出只有他们之间才存在的默契，那可比只培养一个孩子有趣得多。

最亲密的朋友

在二孩家庭中，父母应该向两个孩子传递一个信息，那就是，他们是彼此在世界上最亲密的伙伴，这份情感，任何人都无法代替。

小李是个有点感性的人，经常喜欢对孩子们说一些带有抒情性的话语。

有一次，家中的两个宝宝不知道因为什么事情打了起来，小李的妻子走上前，想要处理两个孩子的纠纷。这时候，小李走了过来。他完全没问这次打架事件究竟谁对谁错，只是径直来到两个孩子的跟前，说道："不管谁先起的头，不管谁打得更重，你们这样做都是不对的！为什么要打架呢？对彼此来说，你们可是最亲的人啊！只有你们能长久相伴！"

孩子完全没听他的话，还是该怎么哭怎么哭，该怎么闹别扭怎么闹别扭。

但是几天后，发生了另外一件事情。

那时候，两个孩子在一起玩玩具，玩着玩着便出现了分歧。妹妹开始哭闹，姐姐则开始生气。姐姐大声地对妹妹喊道："你怎么能这么蛮不讲理呢？怎么能这样对你的姐姐？姐姐可是你最亲的人啊！长大以后，只有姐姐能一直陪伴你，你怎么能对姐姐这么坏呢？"

她的一番话把妹妹说愣了，接下来，她们仍然继续一起玩，妹妹没再闹任何的不愉快。

小李的处理方式有点滑稽。在两个孩子哭闹的时候，他的话完全没有起到制止孩子哭闹的作用，但意外地在大宝的心中植下了一幅关于未来的画面。这幅画面印在大宝的脑海中，当再发生冲突时，大宝就把那个画面重新描述一遍。

　　耳濡目染是有用的。所以，父母得经常给孩子们灌输这样的思想，逐渐让孩子们意识到，他们才是这世上最亲密的朋友。

　　最亲密的朋友就意味着有福同享，有难同当。朋友间会发生不愉快的事情，但是必须得尽早解决；会发生争执，但是最后总要达到平衡。

　　见过许多拥有兄弟姐妹的人，他们与兄弟姐妹的相处方式有很大的不同。有一对兄弟，关系非常好，好到可以为彼此付出一切的地步。也有一对兄弟，平日里只会争这个，抢那个，仿佛只要对方在，对他们来说，就是最大的痛苦。

　　究竟是怎样的父母，才会养育出后者那样的兄弟呢？

　　毫不夸张地说，生了两个或两个以上的孩子，却不能教会他们体会手足亲情，这样的父母太不负责任。

　　人世间有许多珍贵的情感，如亲情、友情和爱情。相比友情和爱情，父母对子女的亲情就普遍得多，也更伟大。而手足之间的亲情，则需要在父母的呵护下用心培养。如果一个人不够幸运，没能遇到那份属于他的爱情，而又因为父母在教育方面的缺失，导致他无法感受到手足亲情，那么他很可怜！

　　既然已经拥有二孩家庭，身为父母，就应当承担起责任，帮助孩子们维系亲情。因为父母与孩子之间可能会出现代沟，那时候最能理解孩子的，就是他们彼此啊。

拥有大宝、二宝，能让彼此拥有一份更加可靠的支撑

把时间追溯到一个世纪以前，那时候，在人们的印象里，没有兄弟姐妹的人是非常少的。人们大多不需要因为家中多生一个孩子而苦恼，因为每个家庭都是如此。但在教育子女方面，人们并没有因为前人的丰富经验而顺利很多。

千百年前存在于各家庭中的问题，在千百年后仍然存在。

到了今天，由于时代的特殊性，一代独生子女渐渐成长起来，开始组建家庭，并成为新一代的父母。在对待二孩家庭的问题时，他们比其他人更加小心翼翼，生怕走错了哪一步。

这时候，总会有人告诉他们，老一辈的家里，孩子没有十个八个，也有五六个，那时候的人也都成功地把孩子抚养成人了。养孩子罢了，有什么难的！一个是养，两个也是养。

时代是在向前行进的。尽管这一代父母在对待二孩或多孩家庭上，不如老一辈的人经验丰富，但他们是走在时代前端的人。

社会文明在不断进步，对待子女的教育也应当走在时代的前端。在你们的羽翼下成长的孩子，不仅是维持家庭完整的一部分，更是人类社会未来的希望。你们是想让孩子成为庸庸碌碌、思想落后的人，还是希望孩子成为比其他人眼界更加高远的人呢？

既然我们生活于这个时代，就要用这个时代的观念去看，去听，去想。

在老一辈人的观念里，长兄为父，生在前面的孩子肩负起照顾后来的孩子的责任，家中最大的孩子永远要帮助父母承担更多的家庭重担，多生一个孩子是为了让这个家庭拥有更多的希望……这些都是十分普遍的观念。直到今天，仍然有人在把这些观念灌输给年

轻人。

在二孩政策出台之后，许多老一辈的人开始积极鼓动年轻一代的人去生二孩。有的说是为了更好地传宗接代，有的说是为了养儿防老，有的说孩子才是父母最大的财富，所以多生是福。还有的，只是单纯地想凑出一个"好"字。

小王和妻子在决定要二孩起，他们双方的亲戚就一直没有停止对他们的鼓励。

"那就对了！"一次饭桌上，小王的二姨赞许地说，"两个孩子多好啊！现在政策这么好，一定得抓住机会多生一个！"

"也得养得起才行吧。"小王的妈妈笑着说。

"有什么养不起的！"二姨说，"小孩子还需要怎么养？穷有穷的养法，富有富的养法，最重要的是人丁兴旺！"

小王一言不发，他看了一眼妻子，妻子的眼里全是无奈。

他们想要二孩，从来都不是为了所谓的人丁兴旺。他们想要孩子，是因为他们爱孩子。并且，他们认为，有能力去同时爱两个孩子。这才是他们下决心的理由。

当二孩来到家中后，小王跟妻子对两个孩子尽心尽力。他们夫妻平时很喜欢玩一些游戏。在两个孩子稍大一些后，他们也会带着孩子一起玩。

亲戚朋友谈起小王家时，总是十分羡慕，羡慕小王养了两个聪明、懂事的孩子，也羡慕小王的妻子能给他家增添人丁。

然而，每次听到这样的"赞许"，小王表面应承，内心却感到有些反感。

他的两个孩子并不是用来给他增添成就的，两个孩子是他与妻子爱的结晶,不是为了什么家族的未来,更不是为了养儿防老。

他们只是想组建一个温馨、快乐的家庭,仅此而已。

所以,当有一天,大儿子向小王提出一个问题时,小王简直气不打一处来。

大儿子问小王:"爸爸,你生我跟弟弟两个,是为了增加家里的抗风险能力吗?"

"这话你是从哪里听来的?"

"班里的同学都这么说。"大儿子有点郁闷地说,"他们说,父母生两个孩子的话,如果其中一个孩子发生了不幸,父母就不会太伤心,因为还有一个,是这样的吗?"

小王拍了下大儿子的头,说:"绝对不是!"

接着,小王语重心长地对儿子说:"你和弟弟都是爸爸妈妈最重要的宝贝,任何一个人发生不幸,爸爸妈妈都会伤心欲绝。但是你知道,如果真的有谁发生不幸,最伤心的那个人是谁吗?"

小王疑惑不解地看着爸爸。

"是你们之中的另外那个。"小王说。

"听着,宝贝,我们每个人都是这个家里最重要的成员,但是你和弟弟更加重要。爸爸妈妈生了你们两个,绝对不是为了帮爸爸妈妈抗风险,而是为了你们两个能拥有更好的陪伴!家里多一个成员,意味着如果有人发生不幸,就会多一个人伤心。这并没有抗风险,反而是在增加风险!"小王喘了口气,继续对大儿子说,"所以,保护好你自己,也保护好你的弟弟,好吗?"

所谓的抗风险也好,使人丁兴旺也好,当提出这种说法时,都是建立了一个隐形的前提,那就是,孩子是父母的附属物,这个想法不仅错误，而且十分有害。

父母生孩子是为了给父母的人生带来好处，这就是提出那些观点的人的潜台词。

那么，父母生孩子是否能给父母带来好处呢？当然是能的。但不是抗风险、传宗接代之类的好处。孩子给父母带来的最重要的好处，就是温暖了父母的心。但这个好处并不是孩子们的专属。任何一个有爱的家庭成员，都能为其他成员做到这一点。

孩子能够温暖父母，父母同样可以温暖孩子。孩子与孩子之间可以互相温暖，这才是手足亲情应当有的模样。

所以，下一次，当你的宝宝问你为什么家里要生两个宝宝时，你可以直接告诉他，是为了这个家庭，更是为了他们彼此能拥有一份更加坚固、可靠的支撑。

当全世界只剩下两个人

我们都知道世界末日距离我们非常遥远，但有关世界末日的作品仍然受到人们喜欢。这或许是因为，那种对于末日降临的感受，并不是只有真的在末日到来时才会产生。即便是在平静的生活中，我们仍然有可能感受到末日到来的恐惧。

比如，来到陌生的城市，没有任何朋友和亲人；比如，失去了某个亲人；比如，搞砸了一个项目。

当这样的时刻到来，我们总会想，如果这时候能有一双手紧紧握住自己，如果能有一双眼睛在用关心的目光看着自己，那么我们就能有足够的力量走下去。

卢先生算是企业家中比较成功的。他与弟弟白手起家，从一个小作坊做起，一直做到拥有七八个大厂房，资产上亿的大工厂。两个人都不到40岁，就成为当地小有名气的话题人物。

但是，天有不测风云，市场瞬息万变。有一段时间，经济开始下滑。卢先生工厂的资金链发生断裂。很快，在连锁反应下，几个月后，他与弟弟的工厂被宣告破产。

起早贪黑辛辛苦苦经营了十多年的事业就这样毁于一旦。所有的朋友仿佛在一夜之间全部消失，他的妻子也带着年幼的孩子离开了他。当时，卢先生情绪非常低落。

就在他最苦闷的时候，他的弟弟来到了他的家中，两个人一起谈了整整一夜。

他们共同回忆创业初期的艰难，回忆起在效益最好的时候，他们风风光光的日子，他们还回忆了小时候共同成长的时光。

一切不过是回到他们最初奋斗的那个点而已。尽管十几年的心血都仿佛白白付出了，但他们仍然拥有彼此。

他们仍然拥有兄弟。只要彼此还在，他们就有力量继续走完后面的路。

在孩子的一生中，父母会送给他们许许多多的东西，教育资源，各种玩具和书籍，漂亮、精致的衣服，甚至房子、车子。但所有的东西里，父母送给他们的最美好的应当是来自手足的亲情。

第七章
面对冲突是亲子教育的必修课

　　两个孩子一同成长，必然会出现各种各样的冲突，这是最让父母头疼的事情。处理冲突的方式有千万种，但要保护好孩子的心灵，总要遵循几点原则。孩子间的争吵看起来是争吵，但并不是在闹矛盾，而是通过争吵来解决问题。如果这个时候父母盲目介入，那么未必合适。

7.1 不当着一个孩子的面批评另一个孩子

这本书的前面两章是关于如何让大宝接受二宝的到来,中间的几章是关于如何让大宝和二宝认识到彼此亲情的重要性及如何处理好亲子冲突。而到了这一章,要讨论的是,在两个孩子已经建立起亲情关系之后,身为父母,应当如何去维护这份亲情。

父母不经意的话语可能会对孩子造成一生的伤害

父母在一个家庭中会同时扮演许多角色。当与孩子共同玩耍时,他们是朋友;当教授孩子知识时,他们是老师;当指引孩子成长时,他们是守护者。

每个孩子的心灵都是一颗柔软的种子。在他成长的过程中,这颗种子会被赋予各种各样的外壳,用来保护其不受伤害。但如果伤害发生在外壳形成之前,这时候,父母则必须想尽办法为他们抵挡那些伤害。如果做不到,那么孩子的心灵将受到无法修复的伤害。

为锻炼孩子的抗压能力,有人开始不断给孩子施加压力,美其名曰训练他的抗压能力。但不够专业的方式导致无法掌握力度,最后这个孩子不但没有得到锻炼,反而被施加的压力所击倒。

抗压能力的训练就像给人打疫苗,注射一点疫苗制剂,来让人体产生抗体,形成保护层。但如果注射了太多的疫苗制剂,那么这个人就可能直接被感染了。

一个抗压能力极强的成年人,他之所以能这样,不是因为他从小受到了足够的压力,而是因为在他的力量还不够承受那些压力时,他的保护者能及时为他抵挡外界的压力,同时用不会产生伤害

147

的小压力来逐渐增强他内心的韧度。

这个过程中，最关键的一点是，要保证孩子心灵的完整性。

所以，别用训练孩子的抗压能力为借口。父母必须保护孩子的心灵，这一点至关重要。

一般来说，会严重伤害到孩子心灵的行为，就是在另外一个孩子的面前批评这个孩子。

回想小时候，我们仍然会记得，当父母在我们的同学面前批评我们时，那是一种怎样的心情体验，一定很难受。

想一想，我们那么努力在同学中建立自己的威信和形象，父母的两句话就把我们打回原形，心里能不难受吗？

当身边那个人是与自己一同长大的手足时，这种难受的感觉则可能加倍。

那是一个阳光灿烂的下午，程程与弟弟一起在客厅里玩他们的扮演游戏。

"我来扮演国王，你来扮演士兵，我们一起去打倒坏人！"

刚刚懂事的弟弟积极响应哥哥的号召，他像一个崇拜者那样，虔诚地望着他的哥哥，不论哥哥说什么，他都十分听话。在那个只有他们两个人的小世界里，程程可以说是弟弟最初的偶像。

然而，就在他们玩得最开心的时候，却发生了一件非常令人不愉快的事情。

当时，他们的爸爸正在书房里批改程程的作业，其中有一道题目，程程犯了低级错误。这让爸爸很生气，他拎着程程的作业本来到客厅。

"程程！你过来！"

正在努力"抵御外敌"的程程和弟弟被爸爸叫停，程程一脸疑惑地放下手中的玩具剑，来到爸爸的面前。

没想到爸爸手一甩就把程程的作业本扔在了程程的面前。

"看看，你做的都是什么？你的脑子里都在想什么？连这种错误都会犯，你的心思都放在了哪里？"

程程立刻低下了头。

爸爸以为那是因为惭愧，于是继续批评程程："一天到晚只知道玩，你知道在你玩的时候，你的同学看了多少书吗？你以为你很厉害吗？如果学习不好，你就什么都不是！"

程程的身体在发抖，眼泪开始往下掉。

爸爸还要继续说。忽然，程程一把将他推开。

哭泣中的程程大声对父亲喊："能不能别在弟弟面前说我！"

喊过之后，他哭着回到自己的房间。

客厅里，弟弟愣愣地看着这一切的发生，懵懂的他还不太懂什么叫尴尬。

语言暴力可能出现在生活的每个角落，上下级之间、同事之间、夫妻之间，也包括亲子之间。语言对人造成的伤害，是肉眼看不到的，是深埋在心底的。如果语言暴力出现在孩子的幼年阶段，那有可能影响孩子的一生。

在二孩家庭中，父母对其中一个孩子的斥责，尽量不要当着另外一个孩子的面。如果一定要斥责，也不要情绪失控，要有理有据，就事论事，不可以用暴力和强势来彰显自己的话语权，这是亲子关系里的大忌。

孩子的自尊心都是极强的，他或许能够接受自己犯的错误，可以改正，但是无法接受自己在同伴面前丢了颜面。对他来说，和他同龄的那一个圈子，是他的小圈子，他有另外一个想要塑造的样子和想要扮演的角色。

这就如同成年人世界里的游戏规则，若你苦心经营的形象被一夕间推翻，那种屈辱和痛苦，是难以承受的。

"己所不欲，勿施于人。"

别因为父母的行为影响孩子间的情感

如果说不分场合地批评孩子已经很过分，那么还有一种更加过分的行径，那就是某些父母会拉上一个孩子，共同批评另一个孩子。

前者还只是不懂尊重，后者却是严重的"软暴力"了。

在孩子之间，有一种不动拳头的暴力方式，叫作"我们都不跟他玩了"。

有的孩子号召力很强，当他说出"我们都不跟他玩了"时，其他小朋友会真的孤立这个小朋友。于是，这个被孤立的小朋友，小小年纪，心中就被覆上阴霾。

孩子的行为毕竟只是发生在孩子之间，他们有自己的行为方式和调节方式。可如果这个行为加入了大人，那就不一样了。

比如，有个别老师，当他不喜欢一个学生时，他会对其他学生说"大家别再理他了"。

孩子的权威性不论多强，都比不上大人的权威。

如果身为老师，却下达孤立某个小朋友的指令，那么这个小朋友的人生会很灰暗。

这就是"软暴力"的力量。在很大程度上，这比直接上拳头的暴力更加可怕。

现在,回到家庭教育中来。

在家庭教育中,同样存在这种"软暴力"。与老师的情况不同的是,老师下达孤立指令是有意为之,家长经常在无意中下达这种指令。

小蓝是个很淘气的小男孩。通常,一个淘气的孩子同时也意味着他是一个聪明的孩子。只有点子多、想法多的人,才会做出那些淘气的事情。但是家长不会这么想。小蓝的父母只觉得小蓝是个很让人头疼的孩子。

比小蓝小一岁的妹妹就不一样,妹妹天生喜欢静,总是安安稳稳、文文静静的。比起小蓝,妹妹深得父母的喜欢。

在小蓝父母的口中,逐渐出现这样一句话:"小蓝这么淘气,我们不跟小蓝一起玩了!"

父母这么说,只是希望小蓝能听话一些。当然,这话是有一定作用的。每次父母说完这句话,小蓝都会沮丧一阵子。但是很快,他活跃的脑细胞又开始驱使他做下一件调皮的事情。

由于小蓝好动,所以父母很少注意到他的情绪波动。直到有一天,妈妈给妹妹买了一条漂亮的裙子。妹妹穿上裙子后,第一件事就是跑到小蓝面前,给小蓝看,但小蓝只是冷冷地哼了一声,转身就回到了自己的房间。

妈妈看到这一幕,感到心寒。她怎么也忘不掉当时出现在小蓝脸上的冷漠神情,那甚至不该出现在一个孩子的脸上。

如果小蓝的妈妈稍稍留心一些,她也许会发现小蓝变成这样的原因。但这是一个会随便对孩子说"我们不跟他玩了"的家庭,所以小蓝的妈妈发现问题的可能性非常低。

更有可能的是，从此，妈妈给小蓝在淘气的标签上，又贴上一层冷漠的标签。

一个既冷漠，又不听家长话的孩子，很可能被家长认为朽木不可雕，甚至会被放弃教育。

就这样，这个孩子一步一步地毁在了父母的手中。

直到他长大，他都会记得，自己是在怎样的语言暴力的环境中长大的。至于妹妹？他恐怕只想在成年之后离妹妹越远越好，免得时刻让他想起当年的屈辱人生。

如果从一开始，父母能意识到他们的行为不但伤害了孩子的尊严，更离间了孩子之间的情感，也许这一切就会朝着相反的方向发展。

不对其中一个孩子说"不跟他玩了"，更不要对另一个孩子说"不跟他玩了"。他们都是你的孩子，他们之间的关系应该更加亲近。那份亲近感，不仅需要他们自己去维护，更需要父母的守护。

父母可以用许多方法惩罚犯错的孩子，唯独不能用剥夺他的情感这种糟糕到极点的方式。

因为被剥夺情感，与他犯下的那点小错比起来，实在太沉重了。

7.2　不要动不动就拿两个孩子来对比

当那个"别人家的孩子"成为自己的亲兄弟或亲姐妹

有一个我们非常熟悉的人,叫作"别人家的孩子"。

这个"别人家的孩子",能歌善舞,考试次次拿第一,上课从来都认真听讲,聪明,懂得与人相处。总之,处处比我们强。从小,我们在这个孩子的阴影笼罩之下,战战兢兢地长大。

但好在那只是一个影子,没有实体的。当我们想起那个人,也只是个模模糊糊的形象而已。

然而,在一些家庭,这个影子却有一个实在的形象,因为那不再是"别人家的孩子",而是变成了自己的兄弟姐妹。

很多二孩家庭里,我们都能听到这样的声音:"你为什么这么不乖?看看你姐姐!""这么简单的题都做不出来,你看你弟弟,半分钟就解出来了!""吃饭的时候注意点形象,你看你弟弟多文明!"

这些话甚至没有经过思考,就直接从父母的口中迸了出来。

可说者无心,听者有意。

如果这个孩子有些愚钝,个性敦厚,那么他大概会认为自己真的处处都比不上另外那个孩子。如果这个孩子很敏感,又有点心思,那么他就会对另外那个孩子产生敌意。

于是,被作为比较的另外一个孩子,在他完全不知情的情况下,就遭到了来自手足的痛恨。

鹿鹿的妈妈是个讲话不太注意的人,她讲话的方式,用口无遮拦来形容也不为过。这大概与她从小的成长环境有关。

在教育孩子方面，鹿鹿妈妈经常是心里想什么就直接说出来。她倒不是太冲动。她只是认为，既然自己从小到大受到的都是这种教育，用同样的方法教育孩子也没什么不对。

鹿鹿是家里的大宝，5岁多，家里还有个3岁的二宝潇潇。两个孩子因为年龄相近，所以经常在一起玩。

孩子在一起玩耍时，发生争吵是常有的事。比如某天，鹿鹿跟潇潇在玩捉迷藏时，因为动作太大，不小心把潇潇撞倒在地。潇潇顿时坐在地上哭了起来。

可鹿鹿不是有意的，看到潇潇哭，他也忍不住哭起来。

妈妈闻声立刻跑过来。在弄清楚事情原委之后，立刻开始批评鹿鹿。

"这么大的孩子了怎么这么不小心！你看弟弟就不像你那么莽撞！你还哭！你哭起来都不如弟弟好看！"

妈妈一边给弟弟擦眼泪，一边教训鹿鹿。她这样说的本意只是为了哄弟弟开心，同时指责哥哥的不小心，但是鹿鹿很生气。

在妈妈给弟弟擦眼泪的过程中，鹿鹿丢掉原本打算送给弟弟的橘子，头也不回地跑开了。

说鹿鹿的妈妈不爱鹿鹿是不公平的，其实她对两个孩子都十分喜爱。当她说那些话时，不是真的出于恶意，她只是没想太多。

她的想法与很多的父母一样，只是小孩子罢了，怎么会往心里去的？

于是，父母的无心之语，变成了语言暴力。

真的很让人无奈。一个人在对待其他人时，可以时刻保持尊重，可以做到站在对方的立场去思考，可以保持同理心。但在对待自己的家人时，却总是会轻易地伤害他们。

明明孩子是最需要以温柔之心对待的人，家长却把最残酷的一面展示给了他们。

不要这样对待孩子，不要用言语伤害他们，不要破坏孩子之间原本的情感。

鹿鹿与弟弟之间发生的意外明明不需要母亲参与，但母亲强行参与进去，还用离间的话语破坏了他们的好心情。

不要动不动就把两个孩子进行比较，或者说，不要随意把你的孩子跟其他任何一个孩子进行比较。

孩子唯一需要比较的应当只有他自己！

父母应当摒弃孩子是自己的所属物的想法。当孩子做得好时，那荣誉是属于孩子的，父母只需要为孩子开心。当孩子做得不好时，丢了面子的也是孩子自己，父母只需要为孩子惋惜。千万不要拿孩子比来比去，以满足自己的虚荣心。

如果父母希望孩子的行为能变得更好，不妨给孩子准备一本记录册。在记录册中，详细记录孩子这一天的表现，到了第二天，孩子需要做的就是超越记录册上的那个自己。

当孩子改掉了一个坏毛病，可以拿出记录册，对孩子说，你战胜了从前的自己；当孩子做得比过去更糟时，也可以用记录册告诉孩子，你正在退步，这是不好的。

这可以成为一次增进两个孩子互动的机会，可以让两个孩子分别为对方记录。不一定每天记录，可以是一周一次，也可以是一个月一次。他们可以相互鞭策，共同进步和成长。

155

他们都是同样优秀的

为什么会出现比较这个行为?这要从父母的认知上说起。

在人的心里,有一种攀升效应。当人们做任何一件事情时,都喜欢给自己确立一个目标,然后朝着这个目标攀升,这是人们最原始的思维方式。

人是社会性动物。当一个人在给自己订立目标的同时,也会对其他人的表现做出反应。于是,在不经意间,人们又给自己确立了另一个目标,就是超越那个距离他最近的人。

就比如一场跑步比赛,过程中,谁前谁后其实不重要,重要的是每个人到达终点所需要的时间。毕竟终点还遥远,一个人的意志力不足以对那么遥远的目标做出反应。这时候,人的大脑会选取一个更近一点的目标,也就是跑在自己前面的那个人。

这就是为什么人们总是对水平上与自己更接近的人产生竞争意识,那其实是大脑发出的指引这个人前进的指令。

当一个人成为父亲或母亲,总是会犯一个大部分人都容易犯的错误,那就是把孩子当成自己的一部分。孩子的荣耀成为自己的荣耀,孩子的耻辱也成为自己的耻辱。这是父母之间喜欢攀比彼此的孩子的原因。

于是,当孩子开始活动,父母在心中会不自觉地给孩子一个预设的目标,最近的目标则是与孩子共同成长的那些人。

这是"别人家的孩子"出现的原因。

到了二孩家庭,因为两个孩子都在身边,更加容易比较,所以"别人家的孩子"就变成了"家里的另一个孩子"。

因此,在二孩家庭中,很容易出现两个孩子被比来比去的现象。

今天这个更可爱一些,明天那个更聪明一些,好像他们总是做得不够好。

建立起两个孩子之间的竞争到底应不应该呢?当然是应该的。一个孩子把另一个孩子当作进取的目标,两个孩子共同努力,互相超越,这是个良性的循环。

但父母的比较行为往往会产生相反的效应。当父母进行比较时,他们往往不是在鼓励其中一个孩子去努力竞争,而是在以一个孩子做标杆来贬低另一个孩子。

鼓励和贬低是两种完全不同的对待方式,前者能让孩子拥有更多的干劲,后者却会打击孩子的信心,让孩子产生自卑的心理。

贬低,是对孩子说"你做得不够好,比不上别人";而鼓励,是告诉孩子"你已经十分优秀,但你还可以更优秀"。

父母可以在孩子之间发起一些良性的竞赛,比如,让他们比赛做家务,比赛写作业。赢的人可以获得奖励,输的人可以通过下次努力为自己赢得奖励。

而不论谁赢谁输,父母都要明确告诉他们,他们是同样优秀的。

赢的那个不要骄傲,输的那个不要气馁。

没有谁比谁更强的概念,只有这一次谁赢谁输的结果。

二孩家庭里，最让父母头疼的莫过于处理孩子之间的纠纷问题。同样都是小孩子，不论在多么开明的家庭里，都不可能完全不吵架。当父母处理纠纷时，很有可能因为某个问题没处理好，或者因为说了什么不得体的话而把事情搞得更糟。

一个朋友，他的处理方式非常有意思，每次当两个孩子吵起来时，他不管三七二十一，也不问谁对谁错，直接把两个孩子都训一顿了事。虽然过于粗鲁，但歪打正着地维护了家庭和谐。

当然，不是说他的做法一定正确。在处理孩子的问题上，"一刀切"肯定不是好办法，但是又不能纠缠于太多细节。最好的情况是，父母在保持明察秋毫的同时，在表面上打打"太极"。

158

你真的听懂他们在吵什么了吗

在处理孩子间的纠纷之前，父母最好先弄清楚两个孩子究竟在吵什么，然后再决定要不要介入。

小丁是理科生出身，在对待任何问题上，他都习惯于探个究竟，他几乎没办法接受含糊不清的概念。世界对他来说，不过是一些既定的定理和一些可以计算的数字。所以，当成为爸爸后，他也经常以理科生的思维去判断孩子的各种问题。

直到他发现，原来，书本上的定理并不能解决所有问题。

他有一对双胞胎宝宝，一个男孩，一个女孩。这对双胞胎，从婴儿时期，就有独属于他们自己的交流方式。当孩子渐渐长大，他们之间经常发生一些大人无法理解的事情。

比如,在毫无征兆的情况下,父母会发现这两个孩子忽然闹起别扭。吃饭时,两个人悄悄地在桌子下面较劲,却完全不告诉父母他们到底在生什么气。而有时候,他们又会在一起开心地唱歌,父母更是不知道他们遇到了什么开心的事情。

这天,两个孩子在客厅里一起看动画片,爸爸则在房间里看书。忽然,爸爸听到客厅传来"扑通"一声,他立刻去客厅,发现是弟弟不知道怎么就摔倒在地上。但哭的人是正站在沙发上的姐姐。

"发生了什么事?姐姐为什么哭?弟弟摔疼了吗?"爸爸关切地上前询问,但是姐姐只是不停地哭,弟弟则委委屈屈地揉着屁股。

"我再也不喜欢弟弟了!"姐姐一边哭着,一边大喊。

"为什么不喜欢弟弟?"

"弟弟不让我看电视!他总是换台!"

小丁明白了一点,问:"所以你把弟弟推到了地上?"

姐姐没直接回答问题,只是大声喊:"我不喜欢弟弟!"

小丁有点生气,他走过去一把抱起了弟弟,帮弟弟揉了揉屁股,弟弟则委屈地趴在了爸爸的肩膀上。

弟弟的乖巧让小丁更加生姐姐的气,他大声呵斥姐姐:"无论如何,你也不能把弟弟推倒啊!弟弟摔坏了怎么办?不能好好商量吗?"

"我讨厌弟弟!也讨厌爸爸!"

"你真是个坏孩子!"爸爸非常生气地说。

这个时候,怀里的弟弟忽然挣脱开了爸爸的怀抱,迅速跑过去,挡在姐姐的跟前,对着小丁大声喊:"姐姐不是坏孩子!"

小丁完全懵住了。

这时,姐姐拿起遥控器,重重地丢在了地上。她哭着喊:"我不喜欢爸爸！也不喜欢弟弟了！"说完，她边哭边跑开了。

当姐姐离开后，一直都没有哭闹的弟弟忽然大哭起来，仿佛此时此刻他才真正受了委屈。

小丁完全是好心做了坏事。他是想帮助弟弟说姐姐两句。毕竟，从这个局面上来看，被推倒在地的弟弟处于弱势。小丁觉得一个公平的家长就要维护弱势的那一方，却没想到两边都没讨好。

所以说，在处理孩子之间纠纷时，父母没必要太过教条，因为孩子之间的纠纷与其他纠纷不一样。其他的人与人之间发生纠纷时，需要的是公平的道理。但是孩子之间并不需要太多的道理，他们需要的是足够的爱心。

很多纠纷问题，当你追本溯源，确实能找到最初那个犯错的人。但是在解决纠纷的过程中，已经远远不是谁先打谁的问题了。这时候，只单纯批评那个最初犯错的人并不是在维护公平，往往只是试图简单、粗暴地解决问题而已。

你打我一下，我再打你一下，最后两个人打来打去。要解决打架问题，并不是去找谁先打谁，更合理的方式是直接告诉他们打架不对，停止打架，然后万事大吉。

有时候，孩子吵架，他们不是在讲道理，他们是在发泄心中的委屈。他们之间发生了某些事，让其中一方感到委屈，于是发泄到另一方身上，另一方也开始委屈，这样，他们就吵个不停。这时候，父母不应该追溯谁对谁错，而是应当安抚他们的委屈情绪。

分别指出双方的问题所在，再各给几颗甜枣，很简单的处理方式，但是有效。而且，家长一定要注意，孩子之间的纠纷是否有必要介入。

面红耳赤也是一种交流方式

处理孩子间的纠纷时，还有一个问题，那就是父母要确定他们是否真的在争吵。因为有些争吵看起来是争吵，但两个孩子并不是在闹矛盾，正相反，他们只是遇到了问题，在通过争吵的方式来解决问题。如果这时候父母盲目介入，简直是讨人厌。

童童和光光是相差只有一岁的兄弟。从小，父母就给他们报了机器人班，希望能借此锻炼他们的理性思维。

两兄弟很聪明，在组装部件方面，他们的表现比父母预期得更优秀。

当长到七八岁时，在组装小机器人方面上，他们已经颇有心得。

童童跟光光的个性不大一样，童童比较外向，更富有创造力；光光则有些内向，行为也更保守一些。

童童5岁那年的暑假，机器人班布置了一个任务，就是让学员们两两一组，组装一个别具特色的机器人。为了顺利完成任务，童童制订了许多计划，并开始与光光在探索中执行这些计划。

一天晚上，妈妈在准备晚餐时，听到在童童的房间里，两个孩子吵了起来。

她纳闷地走过去，来到门口，看到光光的脸憋得通红，大声地对童童说着他的观点。而童童则不停地摇头，嘴里不住地说着："不对，不对。"

光光更是着急，把声音提得更高了。他的手中紧紧握着一支铅笔，当手落下时，由于动作过猛，铅笔磕在桌沿上，发出了重重的响声，光光的手也被震疼了。

童童仍然在说着"不对，不对"，继续反驳光光的观点。

这时候，妈妈看不下去了，径直走过去要阻止这场争吵。

"妈妈不是告诉你们不能吵架的吗?"妈妈严厉地说。这有效地让两个孩子停止了争吵。

妈妈对童童说:"能不能别跟弟弟较真?你可以等弟弟情绪平静下来后，两个人再好好讨论啊!"她又转向光光,"还有你,为什么要这么激动?不过是个机器人罢了,有必要让自己气成那副样子吗?"

妈妈自认为很公平，两边都批评一通，还阻止了一场吵架，她觉得自己的做法很对，然而接下来的发展却出乎她的意料。

"妈妈,你为什么要进来?"童童忽然恼火地问妈妈。

光光也不高兴地看着妈妈,说:"这个跟你没什么关系。"

妈妈睁大眼睛，完全不明白局势怎么变成两个孩子针对她了。

"我们只是在争论一个分歧点,"光光说,"妈妈,你把我们的好心情都破坏了。"

妈妈实在无法理解急得面红耳赤怎么能算是"好心情"。

"好了,妈妈,你快出去吧,烦死了。"童童皱着眉头。

就这样,妈妈被赶出了童童的房间。

看，孩子们有自己的小世界，父母强行介入，只会自讨没趣。

不论父母是否愿意承认，孩子与父母之间总是存在着一定的隔阂，但孩子们之间没有这种隔阂，所以父母千万不要自以为是地认为可以侵入孩子们的小世界。

如果孩子们需要父母介入，那么他们会发出求救信号。比如，他们会大哭，或者直接跑到父母身边寻找慰藉。如果他们没有发出求救信号，那么就说明他们不需要父母的介入。这个时候，父母就不必强行介入了。

7.4　坚持对事不对人

藏起你心中的偏见

不管你是否承认,在你心中,对两个孩子不可能完全没有偏向。

当然,我们一直强调,在二孩家庭中,父母得做到不偏不倚,这是保证家庭团结的基础。但是,行为是一回事,内心是另外一回事。不论多么优秀的父母,不论他在处理子女的问题上多么公道,在内心深处,他仍然会有一份偏爱。

完全公平的爱几乎是不存在的,父母只能做到在保证给予孩子们相同的爱的同时,把那份偏爱深深地埋藏在内心里。

所以,当内心有所偏向时,没必要因此对另一个孩子产生罪恶感。偏爱很正常,但是父母不能把这份偏爱表现出来。因为既然是不应该出现的情绪,就不应当让它显现。

可是,人毕竟是感性的生物,谁都不可能永远保持理性。当触到心里的某根神经时,父母则很有可能把内心的偏爱表露出来。

于女士的职业与教育有关,所以,她自认为对家中的两个宝宝的教育方式十分正确。但是,她自己也清楚,在内心里,她始终是存在偏向的。

她有两个宝宝,大宝是个男孩,二宝比大宝小3岁,是个女孩。她之所以要两个孩子,最主要的原因就是她想要一个女儿。

她一直都想要一个女儿,这个想法从她还在读书期间就存在了,那时候,她还没认识现在的老公。她觉得拥有女儿是世界上最美好、最温柔的事情。她经常会幻想在拥有一个女儿之后，她会跟女儿穿怎样的亲子装，带女儿去哪些高级餐厅吃好吃的。

因此，当第一个孩子出生，医生告诉她是个男孩时，她简直失望极了。

可不论怎么失望，那毕竟是她的孩子，是被她带到世界上来的，她必须对这个孩子负起责任。

她像每个极富责任心的妈妈那样照顾她的儿子，但内心里，她仍然没有放弃对女儿的渴望。

就这样，当儿子渐渐长大，不那么累人的时候，她与丈夫商量过后，又要了第二个孩子。

好在这次她如愿以偿地生了个女宝宝。

当这个女宝宝出生，她恨不得把自己所有的温柔都送给她。但她还有理智，她知道绝对不可以伤害她的儿子。所以，她只能把那份温柔悄悄藏起来，尽最大的努力，不让儿子意识到妈妈的爱被妹妹夺走了。

两个孩子逐渐长大，妈妈打算送给妹妹的任何东西，她都会同时给哥哥一份。

某天，妈妈给妹妹买了一条漂亮的裙子，为了显示公平，她给哥哥买了一条很好看的牛仔裤。当妹妹穿上那条裙子，妈妈仿佛见到了她梦中的小公主。

到了晚上，吃完晚餐之后，两个孩子在房间里跑来跑去地玩耍。这个时候，妹妹不小心在地上摔了一跤，裙子刮在凳子腿上，瞬间被撕开了一个大口子。

这个画面刚好被于女士看到，她简直心疼得无以复加，她既心疼裙子，也心疼摔倒的女儿。

或许是一时冲动，她立刻冲向儿子，生气地对儿子教训道："你为什么要把妹妹碰倒？你是不是嫉妒妹妹有漂亮的裙子？"

这指责可以说是毫无根据的。

儿子委屈且震惊地望着妈妈，就在那一刻，这个家的平衡被打破了。

在这个时间段里，于女士完全失去了教育者的身份，她只是一个偏心女儿的妈妈，在为一件跟儿子没什么直接关系的事情而指责儿子。这可以说她严重失职了。

其实，在这之前的许多年里，她就已经失职，在心中偏爱女儿让她对儿子始终抱有成见。不论她怎样伪装，这份成见都始终存在，一个不小心就会暴露出来。

我们的确没办法控制自己的偏心，但至少可以努力调节，努力发现那个不被偏爱的孩子的优点，就算不能做到完全公平，至少我们能努力接近公平。但于女士任由她的偏见在心中滋长，久而久之，不出问题才怪。

做一个明察秋毫的"包大人"

那些刚正不阿的清官之所以被万世称颂，就是因为他们从不滥用权威，始终把公平放在最高的位置上。他们可能会判错案，可能会被假象蒙蔽，但他们从不放弃追寻最终的真相，从不得过且过，永远尽其所能地实现最终的公平。

父母只是普通人，他们大部分人没有侦探的缜密心思，没有法官的绝对公正，但至少他们可以做到不冤枉孩子，能在意识到孩子被冤枉时主动道歉，能尽己所能地减轻孩子心中委屈的感觉。

一个侦探每天要接触很多案件,但就家庭而言,父母只需要接触两个孩子。

在《爱丽丝梦游仙境2:镜中奇遇记》中有这样一个情节,姐姐和妹妹都很喜欢吃果塔,但是晚饭时间已过,王后禁止两个孩子再吃果塔。可妹妹实在太喜欢吃果塔了,就偷偷溜到厨房偷走了一个果塔,并把吃剩下的残渣藏在了姐姐的床下。

王后发现果塔少了一个后,就去找两个孩子追究,妹妹不敢承认是自己吃的。这时候,王后发现了藏在姐姐床下的果塔残渣。于是,王后自然而然认为果塔必定是更不讨人喜欢的姐姐吃掉的。

王后对姐姐大发雷霆,姐姐非常委屈,大半夜跑出了皇宫,不小心撞坏了头。

这件事情不仅造成了姐姐身心上的伤害,也从此让两姐妹之间出现了许多年都没能修补的嫌隙。

回过头来看,如果王后能再仔细一点观察,如果她能抛开对姐姐的偏见,不那么主观地下判断,一切都会变得不同。

当然,父母不是福尔摩斯,没办法永远做出最正确的判断,但至少可以做到不妄下判断。在弄清楚真相之前,至少可以先把事情放在一边,仔细梳理,而不是凭借对两个孩子的刻板印象,得出很可能与事实相悖的结论。

第八章
大宝可以承担更多的责任

二宝的存在,对大宝来说,可以是成长的催化剂。可以利用二宝的存在,让大宝成长为一个更优秀的人。当一个人获得了足够的爱,他就会把心中的爱给予他人。当这份爱在家人之间传递,就会形成一个巨大的保护罩,把家人牢牢地保护起来。

8.1 赋予大宝一些权力，引导大宝成为好榜样

首先要说明，在一个家庭中，每个成员都同样重要。那个只会玩手指、脚趾的婴儿与每天出去工作的爸爸和妈妈，他们在家里的地位是完全平等的。但是，在这个平等的前提下，家庭内部仍然存在分工上的不同。

爸爸负责以他宽阔的肩膀带给家人安全感，母亲用她的细心和爱心增强家庭的凝聚力，婴儿则等人照顾。而那个比婴儿大一点的宝贝，他则要在做一个听话的孩子的同时，还要做那个婴儿的榜样。

权力越大，责任越大

从弟弟来到家中的那一天开始，妈妈就告诉当当，从今往后，他就是哥哥了。他的人生里多了一项任务，那就是做一个好哥哥。

在接下来的日子中，家里的大人负责照顾弟弟，当当则负责带弟弟感受这个美好的世界。

在弟弟还不会走路时，当当会拿各种玩具逗弟弟开心。当弟弟能够走路之后，他会带着弟弟在院子里观察各种昆虫。

那个时候，弟弟最喜欢做的事情就是跟着哥哥踩蚂蚁。邻居们也经常听到两个孩子关于踩蚂蚁的对话。

"哥哥，哥哥！这里有蚂蚁！"

"好的，看我来解决它们！绝对不让它们入侵花园！"

哥哥就像个小英雄那样，这边踩踩，那边踩踩，弟弟则兴奋地在一旁助威。

弟弟仰仗哥哥，甚至当全家出门时，弟弟根本不让哥哥以外的

人推他的婴儿车。

渐渐地，哥哥也形成了一种印象，他开始认为照顾弟弟是自己最大的责任。当遇到与弟弟相关的问题时，他总是会参与父母的讨论。

弟弟到了3岁时，应当去上幼儿园了，这让哥哥特别紧张，就像自己要上幼儿园一样。他跟着爸爸走访一家又一家的幼儿园，用比爸爸更加仔细的观察力来评判这些幼儿园。最后，他为弟弟选择了一所非常棒的幼儿园，那里有阳光充足的教室，有足够多的玩具，并且还有一位非常和蔼可亲的教师。

在弟弟4岁那年，爸爸接受了一项工作委派，他将去欧洲待上一个多月。妈妈认为，这是一个增长当当见识的好机会，就提出也带上当当。至于弟弟，他还小，不适合去那么远的地方，妈妈决定把弟弟送去奶奶家。

这激怒了当当，他绝对不同意把弟弟一个人送去奶奶家。

"我可以照顾弟弟！不管到什么地方，都要带上弟弟！否则我就不去了！"

妈妈拗不过当当，最终决定带上弟弟，全家一起去欧洲。

当当并没有食言，在欧洲的一个多月里，他成了弟弟最重要的监护人，自始至终都保护在弟弟身边。当弟弟看到什么好东西时，他也会出面帮忙向母亲索要。

妈妈有点好奇，她没搞懂为什么当当会对弟弟的保护欲这么强烈。直到某天早晨，她终于想起来，这一切都是开始于弟弟来到家里时，她对当当说的那句话："从今往后，你就是哥哥了。"

从妈妈赋予当当哥哥这一身份开始，也同时赋予了他可以影响弟弟人生的权力。弟弟是那么的脆弱和天真,不论哥哥说什么,弟弟都会听从。假如哥哥怂恿弟弟做坏事,恐怕弟弟也会乐颠颠去做。当然,假如出现这方面的情况,需要及时纠正。

正是这样的一份权力,让当当拥有了更多的责任心,让当当无法在对待弟弟的问题上袖手旁观。

因为他是哥哥,哥哥意味着有人仰望,有人跟随,意味着有人等待着他去爱。

给他一个机会,让他成为更优秀的人

说起神经质,小静可以说是个典型。

她在任何事情上都喜欢亲力亲为。如果一个懒惰的人与她一同生活,那么这个人可是有福了,因为小静绝对不会允许别人碰她的厨房、她的扫帚、她的吸尘器。没办法,她就是做不到把事情放手交给别人去做。

在养育子女方面,她也是这样。尽管她的丈夫非常想帮助她,但她从来都信不过笨手笨脚的丈夫。从孩子出生到渐渐长大,喂奶、换尿布、哄睡觉等一系列事情,都是小静自己完成。

她不是不知道累,只是没办法相信别人。如果她把自己的工作交给别人去做,那一定会让她心绪不宁。

但在二宝出生后,小静的想法有了一点改变。

二宝跟大宝一样,也是要从婴儿开始照顾。但这一次,她没有揽下所有的工作,而是适当分担了一些给大宝。

"你不信任我,却信任那个莽撞的小子?"丈夫简直不知道妻子是怎么想的。

"就是因为不信任,我才交给他去做的!"小静说。这话让丈夫更加不明所以。于是，小静给丈夫解释道："我们的儿子性格莽撞，就跟你年轻时一个样子，所以我绝对不能让他长大后也跟你一样莽撞，我得让他学会成熟，让他长成一个比你优秀的人！"

"交给他那些工作就能让他变得更优秀吗？"

"当然！你得知道，我交给他的不仅仅是热奶瓶这样表面的工作，我交给他的是一份责任。当他看到妹妹那么小，他就知道自己绝对不能有任何失误，绝对不能让奶太热或者太凉。"

"听起来好像有道理，"丈夫沉思道，"但是你呢？你不会信不过他吗？你可连我都信不过！"

"我当然信不过他，"小静笑了，继续说，"所以每次我都会仔细检查一遍他的工作。"

172

小静并不是在让大宝为她分摊工作，她在大宝做过一遍之后，还会再检查一遍，这增加了她的工作量。但她认为这十分值得，因为通过这个过程，她的儿子确实变得越来越细心、稳重，也越来越有绅士风度了。

她把养育二宝当作一次帮助大宝成长的机会，借这个机会来塑造大宝的性格，这个做法实在是很聪明！

8.2 告诉大宝，你对他的爱不因任何人而改变

爱不是有限资源，它能无限增长

曾经有一个学贯中西的学者，他与妻子一生只育有一个女儿，不是没机会再生一个，只是不敢再生。因为他担心如果再多一个孩子，会把他对女儿的爱给分走，那样女儿就太可怜了。

他这话，从他女儿的角度听起来是很感人的，但仔细想想其实有不合理之处。

因为爱并不是什么有限的实体，爱是发自人们内心的东西，它怎么可能被分走呢？

如果爱可以被越分越小，那人们为什么还要交朋友呢？毕竟交越多的朋友，分给每个人的真心就越少了啊。

比起担心爱被分走，这位学者担心多一个孩子会分走他更多的精力，让他没办法潜心搞学问。

不过，这样的担心也不是完全没必要的。

在小晓的家里有一个十分有趣的现象，就是每一次当妈妈亲吻妹妹时，小晓总是会嚷着要妈妈抱。

不仅仅是抱，小晓还会要妈妈陪她一起睡觉，给她讲故事，为她弹琴，要妈妈做一系列的事情。

简单地说，就是小晓喜欢争宠。

大概是年龄所致，也可能只是小晓天生的性格使然，5岁的小晓总是会跟3岁的妹妹争宠。为了争宠，她会做出许多滑稽的举动，

经常把妈妈逗得笑个不停。

其实,小晓跟妹妹的关系并不坏,平时一起玩的时候,她们总是能玩出很多大人都想不到的花样。可即便如此,在争宠的时候,她仍然丝毫不会退让。

比如有一次,小晓跟妹妹正在看电视。当时,妹妹嘴里吃着果酱面包。妈妈经过客厅时,看到了粘在妹妹脸上的果酱,于是走过去,拿起餐巾纸,擦掉了那些果酱。

这个动作被小晓看到,小晓立刻噘起嘴,看着妈妈说:"妈妈,我的脸上好像有东西。"

"你的脸上很干净啊。"

"真的有东西,妈妈,帮我擦掉好不好?"

无奈之下,妈妈只好在小晓的脸上擦了一下。小晓这才满意地继续看电视。

久而久之,妈妈希望能找个机会跟小晓谈一谈。当提出这个想法时,丈夫提出了疑义。

"你想跟她谈什么呢?"

"想告诉她我很爱她啊,"妈妈说,"告诉她不用跟妹妹争,我会同样爱她们的。"

"既然这样,"丈夫说,"既然你同样爱两个孩子,又为什么要在意她向你索求母爱呢?"

是啊,既然妈妈对小晓的爱并不比对妹妹少,又何必在小晓争宠时表示无奈?

小晓的争宠行为,表面上看是在与妹妹争,但其实是在向妈妈索求。她的任何一次动作,都是在用无声的语言对妈妈说:"妈妈,你可以用爱妹妹的那种方式也来爱我吗?"

妈妈完全没有必要拒绝她。

既然她想要妈妈的宠爱,给她就是了。当妈妈抱起妹妹时,她也想要抱抱,那妈妈就去抱她,这没什么难的。

当然,不是说为了照顾小晓的情绪,就要对她无限地纵容,至少在没有其他安慰小晓的方式时,可以保证不会伤害到小晓的情感。

至于往后,小晓总会度过这个敏感期。随着小晓逐渐长大,她会渐渐意识到当初的争宠行为有多么幼稚和可笑,甚至恐怕会羞于提起这段经历。那就是小晓个人的成长问题了。

当一个人成为父亲或母亲,他(她)就会发现,原来内心竟然拥有那么一股强大的力量,竟然能那样深刻、那样纯净地去爱另一个小生命,并用一生的时间呵护这个小生命成长。

父母对孩子的爱是人的天性。这份爱绝对不应该随着孩子的增多而减少。它应该随子女数量的增长,而变得更加广阔,更加强大。

爱是一个不断传递的过程

当父母给予了孩子足够的爱,接下来会发生什么呢?

有人做过一次实验,一个个性孤僻、几乎不与人交流的人,被放置在了一个特定的环境里。在这个环境中,其他人都是参与实验的人员。这些人每天都会给予这个人足够的关心,早上会与他打招呼,白天会给他送报纸、送小礼物,到了晚上则会邀请他去喝茶。

一开始,这个人表现出十分不适的抗拒状态。但当一个月以后,这个人似乎渐渐习惯了这种状态。

于是,进入了实验的下一步(对这个人来说,他认为实验已经结束了),这个人被放回到他原本的生活环境中。

奇迹发生了。这个人改变了过去对待他人的态度，他开始去接触他人，去主动交友，乃至关心根本不认识的流浪汉。

这证明了一个理论，那就是人与人的关爱是能被传递的。

所以，回答前面的那个问题，一个孩子在得到了父母足够的爱之后，他就开始学会去关爱别人了。

小弗大概属于独立性比较差的那种孩子，平时他总是喜欢拉着妈妈给他讲故事，不仅是睡觉前，在任何时间段，他都希望妈妈能给他讲故事。

在工作日时，妈妈要在白天出门工作，留阿姨在家中照顾小弗。而到晚间，只要妈妈一进门，小弗会立刻迎上去拥抱和亲吻妈妈。当晚餐吃过，小弗就会捧着他的故事书，来到妈妈面前，要求妈妈讲故事。

他只想要妈妈给他讲，其他人讲他都不肯听。

后来，在他6岁那年，妈妈又怀上了另一个宝宝。

这天，妈妈的肚子已经很大了。清晨，小弗照例拿着故事书来找妈妈讲故事。妈妈让小弗躺在她身旁，再次给他讲了一遍那个早已重复过许多遍的故事。当讲完之后，妈妈忽然问小弗："现在，妈妈可以给小弗讲故事，那等妈妈肚子里的宝宝出生之后，谁来给他讲故事呢？"

小弗眨了眨眼，他之前没考虑过这个问题。

接着，他很快给出了答案。

"我可以给他讲！我早就会讲这个故事了！"

妈妈温柔地摸了摸小弗的头。

后来，妈妈的另一个宝宝出生了，那是个女孩。在孩子出生后不久,妈妈又回到过去的工作状态中。

白天,妈妈和爸爸都去上班了,小弗也去上学了,家里只有阿姨在照顾妹妹。

这以后,小弗回到家的第一件事,就是奔去妹妹的房间,看看妹妹这天过得好不好。他还会守在婴儿床边,给妹妹讲他在学校里的见闻。

连妈妈都开始开玩笑,说小弗不再缠着妈妈,开始缠着妹妹了。

虽说爱可以无穷无尽,但同时,爱又可能会溢出。当一个人获得了足够的爱,他就会开始把心中的爱投放出去给予他人。

爱其实有许多种形式,如果被以不当的方式表达,那么可能得到非常糟糕的反馈。父母在爱孩子时,不要忘记带上尊重。

当然,真正的爱总是会伴随着尊重的。

爱是什么呢?在家庭中,爱是发自心底的关怀,关心一个人的身体健康,关心他的心灵、他的情绪,关心他身上发生的所有好事和坏事,为他喜,为他悲。这便是爱。

被正确表达的爱,它所拥有的能量可以强大到让人无法想象。

当这份爱在家人之间传递,则会形成一个巨大的保护罩,把家人牢牢地保护起来。在它的作用下,这个家庭的成员不论在外面受到多少打击,都能轻松应对了。

8.3 大宝的光环不是限制二宝发展的"紧箍咒"

悬在二宝头顶上的巨大黑云

小沐从他18岁那年离开家开始,就再也没回过一次家。

他不是不想念父母,他只是太害怕在家里见到他的哥哥。

然而,他的哥哥并不是什么凶神恶煞,也不是地痞无赖,相反,哥哥可算是家乡的一个名人。

哥哥从小就聪明,在班级里,表现出极高的理科方面的天赋,他运算的速度和对理论的理解程度远远超过班上的其他同学。而当哥哥长大,大学毕业之后,则回到家乡开始办企业,并获得巨大的成功。用哥哥的话说,他在上大学之前,就已经看到家乡存在的商机。

小沐并没有嫉妒哥哥,他其实很为哥哥开心。当听到哥哥的企业大获成功时,他比谁都高兴。

其实,与其说他不想面对哥哥,不如说他不想在家人的面前面对哥哥,因为那会让他想起年少时期令他备受煎熬的"噩梦"。小时候,父母对小沐说过最多的一句话就是:要努力,要像你哥哥那样!

什么是像哥哥那样呢?哥哥确定具备比自己更敏锐的感知力和高于常人的智商,可这些东西小沐并没有啊!

小沐能做的只有努力,努力,再努力。但即便如此,他与哥哥仍然相差一大截。

最糟糕的是,为了能向哥哥看齐,小沐放弃了想做厨师的理想。

小沐在烘焙上十分具有天赋,他能轻松地做出漂亮的马卡龙(法式小圆饼),能在尝过一次商店里的蛋糕后,就做出味道差不多的蛋糕。

然而，哥哥对烘焙一窍不通。只是，小沐不再在烘焙上下功夫，而是把全部精力都放在学习上。读大学时，他选了经济方面的专业。

就这样，小沐在不喜欢的专业里学了几年，到头来，他依旧没有勇气去面对哥哥。

他没有勇气去面对那噩梦般的场景，所有的家人都围绕着哥哥，仿佛哥哥是散发光与热的源头。然后，有人在人群里推小沐一把，说："你怎么不能像你哥哥一样厉害？"

他当然不能像哥哥一样厉害，因为他本来就不是他哥哥啊！

其实，小沐从小到大所受到的待遇，是十分严重的家庭"霸凌"。

爸爸妈妈几乎从来都没关心过小沐本身，他们的眼里只有小沐哥哥，哥哥满足了他们对一个优秀孩子的所有想象。接着，父母就开始要求小沐也做到同样的境界，如果做不到，就会感到失望。

哥哥优秀明明是哥哥自己的事情，包括小沐的其他家人，只要为哥哥高兴就足够了，为什么一定要以哥哥为标杆来要求小沐呢？

难道小沐没有自己的人生，没有自己的追求吗？

身在"庐山"中的小沐没有弄清楚家人对待他的方式有多残酷，他的心灵早就被扭曲了，他只会因做不到哥哥的境界而羞愧和自卑。

一个人如果不能活出他自己最想要的模样，那么他的人生里会有很多遗憾。

这么多年，小沐迷失了自我，盲目追随着哥哥的脚步。至于那个想要当厨师的理想，早已经被他丢弃在记忆中最黑暗的角落里了。

这里有一个问题需要区分，那就是二宝自觉以大宝为榜样和父母强行把大宝树立成二宝的标杆，这两者之间有着巨大的差别。

前者,是由于大宝较为成熟的表现,使得二宝对大宝产生崇拜心理,并由此希望自己能成长为大宝那样的人。后者,则是在二宝完全被动的情况下,父母强行给二宝灌输的目标。

从描述上就可以看出,后者的父母是多么简单、粗暴。

当用有画面感的语句描绘出来时,很多人都会觉得这对父母非常不讲道理。但其实,这是每个人都有可能犯的错误。就好像那些让人看了发笑的讽刺漫画,画面看起来滑稽无比,却每天发生在我们身边。

"看看你哥哥,你也努力一下,做成你哥哥那样!""你哥哥读一年级时就考了双百分,你看看你能拿多少分?""看你姐姐多漂亮!你不如姐姐那么漂亮,所以还是努力学习吧!"

诸如上面的话语,出现在父母口中的频率实在不低。

正确的说法应该是什么呢?

"看你哥哥,他可真棒!我们一起来为他鼓掌吧!"

这样就可以了,不要树立标杆,不要对比,只要单纯地赞美,这就足够了。

每个人都有自己的优势

怎样的家庭才是让人快乐的呢?那大概就是每个人都能体会到自身重要性的那种家庭。

一对父母,两个孩子,这两个孩子必然会在某些特定的领域内此高彼低。比如,一个孩子可能很擅长跳舞,另一个可能不擅长;一个孩子可能比较能说会道,另一个可能语言表达能力不强。

那么,擅长跳舞的那个,能说会道的那个,是否就应当在这个家中拥有更多的关注呢?答案是肯定的。

既然是家中的宝宝,会跳舞,又漂亮,如果在这方面不能被家人赞美和重视,那么对这个孩子来说实在是不小的打击。

但与此同时,那个不会跳舞的孩子获得的关注就是否要少许多?答案也是肯定的。毕竟,他不会跳舞。

但是,不会跳舞的那个孩子,父母完全可以在其他方面给予他更多的关注。到最后,综合来看,家中的两个孩子总能得到差不多的关注。

小艾和弟弟大概就是这样的一对姐弟。

小艾人长得甜美,跳舞非常好,讲话时头头是道,总是能很快成为人群的焦点。

小艾的弟弟则不如姐姐那么漂亮,也没什么运动细胞,但是弟弟十分聪明,在学习上经常获得老师的夸奖。

于是,当小艾表演舞蹈崭露头角时,爸爸妈妈会跟弟弟一起去看小艾的表演;当弟弟考试取得好成绩时,爸爸妈妈和小艾又会在饭桌上为弟弟庆祝。

在这个家庭里,有时候姐姐获得的关注多一些,有时候是弟弟多一些。由于两个孩子都没有被忽略,一家人始终过得其乐融融。

合格的父母应懂得挖掘孩子的优势,如果父母做不到,就让孩子去做。

这里有个小窍门,是一位教育专家提供的。

那时候,他被请去一个家庭中处理两个孩子之间的矛盾。那两个孩子由于成年累月的矛盾积累,他们之间已经出现很多的问题。这与父母的教育方式不当有着直接的关系。于是,父母请来这位教育专家,希望能获得一些指导。

这位教育专家给这个家庭出了一个主意,就是从这天开始,给两个孩子布置一项每天都得完成的任务,这个任务叫作"发现对方的优点"。

这不是随便玩玩,只有完成了任务,两个孩子才能吃晚餐。

3个月后,教育专家对这个家庭进行回访,发现两个孩子的相处已经变得融洽很多。这对父母非常感谢专家的建议,他们还把两个孩子每天写的纸条拿给专家看。

字条上的内容非常有意思,那里面有很多只有从孩子的角度才能看到的细节。

比如,二宝对大宝的评价里有一条是"他有一根头发可以立起来",还有一条是"他能一口气喝光牛奶"。大宝对二宝的评价也很有意思,比如,"他睡觉的时候会噘起嘴""他的小手指很长"。

这些孩子眼中的"优点"简直不能被称作优点,不排除这只是孩子为了完成任务,随便找来的对方身上的特点。但当这些特点被当作优点提出时,大大增加了对方的信心,也增加了对方对找优点的这个孩子的好感。

既然孩子都能为彼此挖掘出这么多的优点,身为孩子的父母则实在不应该只看到孩子的不足之处。

多夸夸他们,哪怕夸的内容很莫名其妙,夸奖总比不夸要好。

哪怕只是因为一根头发、一个动作,都能让孩子体会到自己的独特性。多给孩子一些这样的体会,而不是用他们的不足之处去对他们进行精神打击。

如果把在孩子身上发生的所有问题都归结为父母的责任,那么太武断,对父母也太不公平。

因为在父母没做错任何事情的前提下,孩子自己钻牛角尖的情况也是有的。

有些孩子的好胜心很强,容易走极端。这如果都要怪父母,那么只能怪父母赋予了他们这样的个性,而这又是不可避免的。

可父母并不是全能的,他们没办法在孩子出生前就确定好孩子的个性,再按照定制的表格生出一个他们心目中的好孩子。既然孩子天生是那样的性格,父母也好,孩子本身也好,都应当以平和的心态去接受。

就如同当下流行的抽卡游戏,在进入游戏的最初,游戏给了玩家一个什么样的卡,玩家就得用什么卡去打后面的天下。玩家要做的,只是充分发挥手中这张卡的特点,让自己在游戏中变得更强。

父母生孩子就跟这些抽卡游戏差不多,你抽到的初始卡是什么就是什么,不能退,也不能换。就如同孩子不能选择自己的出身,父母也不能选择孩子的天赋。当孩子抱怨环境、抱怨自己时,这也是父母应当告诉孩子的事情。

你不用非得比他强

6岁的提提性格有点早熟。在其他孩子都在看喜洋洋动画片,缠着父母带他们去游乐园时,提提已经希望自己能成为学校里的精英了。

183

造成他这种想法的,除了好强的本性,大概跟他那个大他7岁的哥哥有关。

　　提提的哥哥小迪是那种不用怎么努力就能学习很好的人,同时,他的性格阳光、随和,在同学中很受欢迎。在他就读过的学校里,他一直都是"校草级"的人物。

　　提提跟小迪非常不一样。首先,提提的性格不够开朗,不像哥哥那么喜欢对别人笑,提提不论面对谁,都总是板着一张脸。其次,提提也没有小迪那样的能力和习惯,做不到一边听音乐,一边精准地解题。

　　为了不被人看扁,提提付出了更多的努力,希望能拿到比哥哥更好的成绩。性格上,虽然他做不到如哥哥那样人见人爱,但他也组建了一个属于他自己的小团体。有趣的是,这个团体里的小朋友,跟他性格差不多。

　　当父母或者学校里的其他人夸奖小迪时,提提总是不屑地甩着脸走到一边。在外面,别人可以不看提提的脸色;但是在家里,他这副样子,着实给父母造成了不小的压力。

　　就这样,提提变成了这个家里的"隐形炸弹",因为没人知道哪句话会引爆他,所以干脆少说话。哪怕小迪讲了一个非常好笑的笑话,父母都不敢当着提提的面大声笑,谁知道会触碰到提提的哪根神经!

　　任何教育理论,多么用心的家长,都会遇到这样难以解决的问题。

　　父母可是完全没逼迫过提提,也没告诉提提要一定向哥哥学习。可是,提提就这么自发地把哥哥当作了"假想敌",处处都要跟哥哥比。有任何一处做得不如哥哥了，他就十分恼火。

好胜并没有错，但是提提好胜得有点过分了，直接影响到了家庭氛围。

如果一个家里，连笑都不敢高声，又怎能说这个家庭是温馨的港湾呢？

针对提提这样的现象，父母最应该做的是增强对提提的性格管理。虽然个性天成，但通过合理的家庭教育，也可以把一个原本性格糟糕的孩子培养得懂道理，至少在理性的层面上可以让他努力做一个懂道理的孩子。

不过，这里说的不是性格管理的问题，而是要安抚那颗想要攀比的心。

如果你觉得提提的性格太过极端，一定不会发生在自己的家庭中，那么就太天真了。任何人都有攀比的心理，只是表现出来的程度不同罢了。

我们总是用攀比这个词来形容一个人希望赶超另一个人的状况，好像这是个不好的行为。但攀比真的就是错的吗？希望自己更强，这绝对不是错的。

可攀比这个行为有一点很不好，就是它没有上限。两个人如果只靠吹牛来相互攀比，那么他们可以一直比到银河系去。但人不会真的延伸到银河系外，一个人是有极限的。

所以，在批评孩子的攀比之心时，应当先让孩子学会认清自己。

认清自己的"舒适地带"，同时认清自己的上限。

每个人在每个领域的"舒适地带"和上限的高峰都不同。同样的努力程度，有些人还处于舒适地带，有的人则已经到达上限。这种时候，后者虽然看起来比前者更拼命，却还是无法追赶上前者。

父母要做的则是帮助孩子认清楚他的"舒适地带"在哪里，上限又在哪里。当一个人用超过"舒适地带"的程度去努力，就需要付出多几倍的精力。

在认清楚这一点后，再让孩子想清楚，是否需要付出这么多的精力，去追赶一个仍处于"舒适地带"的人。这时，聪明的孩子必然会选择更明智的答案。

你需要超越的只有你自己

关于"舒适地带"和"上限"这件事情，还想多说几句。

一个人的上限能被提高的可能性较小，它取决于很多客观条件，比如这个人的体质，这个人的先天智力条件和意志力等。如果要提高上限，需要从现在这些客观条件方面着手，比如健身，比如进行一些有助于提高记忆力的训练，等等。

但是，提高"舒适地带"就容易得多。

因为所谓的"舒适地带"，说到底，体现的是一种惰性。

相信不少人有过这样的经历，他们在小时候，可以毫不费力地就考双百分，上课只需要认真听讲，就能学会课本上的全部知识。课后可以尽情玩耍。但是，随着他们逐渐长大，他们的成绩开始下滑，过去那种半玩半学的方式不管用了，他们必须付出更多的精力，才能提高成绩。

继续长大，课程变得更难，哪怕他们用尽全力，可能还是学不会。

这体现的就是"舒适地带"和"上限"的关系。

小时候，他稍微学习一下就什么都会，他付出的努力只有那么一点，还在"舒适地带"内，他根本感觉不到自己在努力。长大后，他需要付出更多的努力。这时候，他离开了"舒适地带"，学习变得枯燥、乏味。最后，终于，哪怕他付出全力都没办法学会，因为他的努力已经达到了极限，那是他的上限。

为什么人们总说应该去做那些自己喜欢的工作，不要做让自己痛苦的工作呢？那是因为对一些人来说，做喜欢的工作时，他们的"舒适地带"非常大，就算付出再多也不觉得累；至于那些不喜欢的工作，"舒适地带"则很小，稍稍劳累一点，他们就难以支撑。

由此可见，尽可能留在自己的"舒适地带"多么重要。这也显得，用自己的上限去追赶处于"舒适地带"的人是多么不明智。

但是，我们不能停止提高自己，不用拿自己的上限比他人的"舒适地带"，我们可以不断地扩大自己的"舒适地带"。

通俗来说就是，我们不用追着别人跑，但我们可以努力去超越自己。

如果一个人总是用超过"舒适地带"的程度去做事，那么渐渐地，大脑为了适应身体，便会一点点扩大"舒适地带"。

一个喜欢弹琴的孩子，他每天弹半小时是在他的"舒适地带"内，于是他决定每天弹40分钟。几个月后，他会发现自己可以轻松弹40分钟而不感到劳累。这就是成功扩大自己"舒适地带"的例子。

挑战自己比挑战他人可有趣多了，因为挑战他人不知道什么候才能成功，但是挑战自己，成功就在眼前。

在家庭内部，可以经常进行这样挑战自己的活动，不一定只针对孩子，大人也可以参与其中。成长这件事本来就不是孩子的专利，大人在教育子女的过程中，同样是一个向前进、逐渐成长的过程。

一个朋友做过这样的挑战。那段时间，他沉迷于网络游戏，每天都要玩几小时。他深知这严重伤害了身体，也给孩子树立了非常不好的榜样，但他就是没办法戒掉。于是，他在家中发起了一个活动，叫作"如果看到爸爸打游戏，就每个人打爸爸一拳"。

其实，戒掉网络游戏的关键还在于他自己的意志力。他之所以要让孩子们参与进来，是希望孩子们有这样一个印象，那就是爸爸正在为了克服一件事情而努力。

如果他戒网游成功，他则可以以这件事为契机，让孩子们也有样学样，去挑战自己的极限。

比如，不爱学习的孩子，让他挑战每天在家看书半小时，或者不喜欢运动的孩子，让他挑战每天跳绳10分钟。

让孩子沉浸在挑战自我的游戏里，他会发现，当挑战成功，获得的成就感，比盲目地追赶他人要高得多。

第九章
每个孩子都拥有父母全部的爱

　　爱是不可分割的，也是永不枯竭的，并不是用掉一分就少一分，所以，每个孩子都拥有父母全部的爱。一个积极、上进的家庭应当是一个等边的多边形，每个人都起到同样的作用，每个人都给其他人施以同样的关爱。

9.1 两个孩子，可以买一份冰激凌

父母把天平藏在心底

教育是这个世界上最难以解决的问题，因为教育的主体都是人，而人是这个世界上最为复杂的生物。所以，在教育的问题上，千万不能犯教条主义的错误。

资源平等是真理，但并不意味着任何东西都要买双份。有些时候，如果父母为了达到绝对的"公平"而处处奉行平均主义，那么就犯了一个家庭中的大忌，把家庭变成了一家冷冰冰的公司。

家不是公司，公司要保证对员工的公平，但家最需要保证的是成员与成员之间的关爱。

爱才是主题。如果两个人足够爱对方，那么很多时候他们绝对不会把公平放在首要的位置上。

父母心中的天平绝对不能倾斜，这个是基本原则。但这个天平不需要时刻展现在孩子的面前，甚至不要让孩子意识到天平的存在。在得到父母足够的爱之后，在那个天平的作用下，他们不会因父母的不公而深受委屈，他们最需要在意的是对彼此的关爱。

田田和依依是兄妹，田田6岁，依依3岁。他们之间经常因为各种事情打闹，但很快又会和好。

有一次，母亲的一个朋友来到他们家。当时她来得匆忙，没有给两个孩子带什么礼物，身上只有一块巧克力。刚好那天田田与父亲一同出门散步，只有依依在家，她就把那块巧克力送给了依依。

191

依依很开心。当朋友离开后,她迫不及待地把那块巧克力的包装打开,正要张嘴去咬时,被母亲阻止了。

"你忘了家里还有哥哥吗?"妈妈问。

依依有点心虚,但又舍不得巧克力,就小声说:"哥哥不在家。"

"可是,哥哥一会儿就跟爸爸回家了呀。你得到了一块巧克力,想不想跟哥哥一同分享呢?"

依依点了点头。

"我们把巧克力放在桌子上,等哥哥回来之后,你和他每人吃一半,好吗?"依依听话地点了点头。

过了一会儿,爸爸带着田田回到家。依依第一件事就是拿起桌子上的巧克力跑向田田,开心地说:"哥哥,这里有巧克力!我要跟哥哥一起分享!"

"太好了!我来掰开!"田田接过巧克力,同时在依依的脸上亲了一下。

只是一块巧克力,依依拥有了。为了公平,妈妈完全可以再给田田买一块。但如果她真的这么做了,那么就失去了一个能增进兄妹情感的绝好机会。

这世界上的资源是有限的,不论多么富有的家庭,总有些东西十分稀少,你不可能永远做到为两个孩子每人都准备一份。比如,你不能给他们两片一模一样的叶子。

所以,当遇到资源平衡的问题时,不要认为买两份就是解决一切问题的途径。同样是从小一起长大的兄弟,任何东西都能各自拿一份的和经常两个人分享同一件东西的,后者的关系比前者更加亲密。

不要用独生子女的思维去理解兄弟姐妹的情谊

现在,大多数家庭中的父母都有一个共性,那就是,他们大部分来自独生子女家庭,是独生子或独生女。不是说独生子女不好,而是说,独生子女在对兄弟姐妹之间亲情的理解上总会有些欠缺。

曾经遇到一位在独生子女家庭中长大的妈妈,谈起女儿,她总是如老母鸡那般护着。

"我绝对不会让她受委屈,如果以后有了二宝,我也一定要保证我女儿的资源和地位不受到威胁,该属于她的一点都不能少!"

她说的固然不算错。但有一个问题,那就是,她完全不认为她的女儿很可能十分喜欢那个弟弟或者妹妹。当她给女儿买一个冰淇淋时,女儿很可能直接把冰淇淋拿给弟弟或者妹妹吃。那时候这位妈妈会如何做呢?是否会直接告诉女儿自己的东西不能让给别人?

一个人不能被剥削的资源是教育。父母不能为了一个孩子而耽误另一个孩子该受到的教育。除此之外,在孩子自发的情况下,两个孩子之间的资源是完全可以互相分享的。因为到最后,他们会发现,任何事情都不能与同胞亲情相比。

有一些人,他们有兄弟或者姐妹,但彼此之间几乎不来往。提起对方时,仿佛在提一个远房的亲戚,就好像他们从没有在一个屋檐下成长,从没有在一张桌子上吃过饭那样。仔细探究,可以发现他们的成长经历有些类似,要么是家长太偏心,要么是家长太不偏心。

太偏心的不用说,被偏心对待的孩子心中不可能没有委屈,有些甚至可能埋下了仇恨的种子。至于太不偏心的,则是另一种极端。那就是家庭过于中规中矩,父母几乎剥夺了两个孩子的所有互动机会,到最后,养育出来的不过是两个自私的人。

193

4岁的小满和3岁的小西很喜欢在一起玩玩具。因为她们都是女孩子，而且年龄相近，所以她们在喜好上的共同点也很多。比如，她们总是看中同一套芭比娃娃，总是让妈妈给她们买同一套乐高玩具。

一天下午，她们的妈妈正在厨房为她们做饼干，她们则坐在客厅的地毯上摆乐高积木。妈妈把饼干放进烤箱后，听到客厅里传出哭闹声。于是，她来到客厅，看到两个女孩子非常不文雅地撕打起来。

经过盘问，妈妈得知两个孩子在抢一个玩具屋顶。

这套玩具里只有这一个玩具屋顶，她们都想要。

"那就先别玩乐高了！去给你们的芭比娃娃换衣服去！"

这是妈妈处理纠纷的方式，两个孩子虽然不情愿，但也照办了。而第二天，妈妈又买了一盒一模一样的乐高。

从这天开始，当姐妹两个玩乐高玩具时，就会分别玩自己的那个，并且会努力把积木摆得比另一个更好看，还会让父母当评委，判断谁的更好看。

姐妹们的妈妈对丈夫颇为得意地说："看我多聪明，她们再也没因为抢屋顶吵架。"

"这确实没错，"孩子们的爸爸说，"但是你还记得吗？之前，她们两个齐心协力摆的那个大城堡，那次她们远比现在要开心得多。"

争抢玩具的确是个令许多家长头疼的问题。除了争抢玩具，孩子们还会争抢妈妈的怀抱、桌子上的水果以及蛋糕上唯一的那颗樱桃。但是，如果争抢的结果永远是父母又拿来个一模一样的东西，那么孩子们将永远都不会懂得，两个人共同拥有一样东西是件多么有趣而美好的事情。

9.2　大宝和二宝都需要"特殊时光"

生日是独一无二的日子

凌凌所在的幼儿园有一个惯例,就是每个小朋友过生日时,班级里都会组织给这个孩子过生日。当一个班级里的某个小朋友迎来这一天时,其他小朋友的反应十分有趣。有的很开心,因为可以跟着吃到大蛋糕;有的却很不开心,因为那个被大家围绕着接受祝福的人不是他。

通常情况下,凌凌都是前者。

在凌凌的家中有同样的传统。5岁的凌凌有一个3岁的弟弟,每次凌凌或者弟弟过生日时,家里都会举办一个小派对。

第一次给弟弟过生日时,弟弟刚满周岁,那时候凌凌也才3岁。当家中开始布置环境时,凌凌也在一旁帮忙,妈妈则告诉她,现在做的一切都是为了弟弟。

漂亮的彩带,五颜六色的彩灯,生日快乐的标语,这一切的一切,都只是为了弟弟,就仿佛弟弟是这个家中的小王子。

但凌凌丝毫没有因此而不开心,因为就在几个月前,家里也同样为她举办过一次生日小派对,那时候妈妈说的是,做的这一切都是为了凌凌。

不嫉妒,是因为自己也同样拥有。

所以,在幼儿园里给其他小朋友过生日时,凌凌同样不会感到被冷落,因为每个人都拥有这样的时刻。

在一个家庭里,总会出现突出某个人的情况。有这样一个家庭,家里的姐姐刚刚拿到演讲比赛的冠军,弟弟却在前不久的绘画比赛中落选了。那时候,为了照顾弟弟的情绪,父母没有对姐姐取得冠军这件事有任何兴奋的表现。

没有庆贺,没有奖励,甚至没有给姐姐任何鼓励的话语。

最后,姐姐得奖的好心情全无,而弟弟则更加沉浸在落选的沮丧情绪之中。

其实,父母完全可以好好为姐姐庆祝一番,这是属于姐姐的好日子,也是全家人的喜事。弟弟虽然绘画没能拿奖,但他同样应当为姐姐拿奖一事而高兴,因为一个人的心中不能只装着他自己。

原本姐姐得奖的事情应当用来冲淡弟弟的不良情绪,但父母的做法让一切变得更加糟糕了,整个家庭的气氛变得非常不健康。

该庆祝的庆祝,该安慰的安慰,这才是一个健康家庭应当有的状态。

有时候,要让孩子明白自己是特别的

我们总是在强调家人之间的互动,总是强调要让孩子们学会爱他人,好像削弱了每个孩子作为一个个体的重要性。这里必须要着重强调一个问题,那就是不要抹杀孩子的个性。

不要让孩子认为他活着是为了其他人。

掌握爱人的本领,保持对家人的责任心,这些都是一个孩子应当在家庭中学到的东西。之所以要学习这些,是因为要让孩子成长为完整的、独立的、优秀的人。

这份优秀是只属于他自己的。

有一个案例,那是一对外国的兄弟,他们两个从小一起长大。从小，妈妈就教育哥哥要关爱弟弟，要把弟弟放在他人生的首位。哥哥做到了妈妈说的，他成了一个有责任心的好哥哥。同时，出现了一点问题，那就是他几乎丧失了自我。

这个哥哥认为自己的整个人生都是为弟弟而活的。于是，当弟弟建立起自己的家庭，哥哥的世界开始崩溃，他甚至陷入抑郁之中。

造成这种现象的最大问题就是当初妈妈过分强调哥哥对弟弟的责任。妈妈总是让他照顾弟弟，凡事以弟弟为优先，却几乎没有提醒过他，他应当活出属于自己的人生。

每个人都是独一无二的，家人之间不论多么亲密，他们都无法代替你自己。家庭是一个整体，但作为家中的每个成员，都是完全不同的个体。他们因为亲情而被紧密地联系到一起，但同时又保有属于自己的最特别的那一部分，这才是一个美满而健康的家庭。

比如，在一个家庭中，父亲是作风严谨的政府职员，他要保证他负责的那一部分稳固运行；母亲是个艺术家，她时刻追求自己在艺术领域能更上一层楼；哥哥是个热爱摇滚的青年，他最宝贵的珍藏就是他的摇滚歌碟；弟弟是个努力向上的好学生，希望能考取最顶尖的理科类学府。

他们都拥有与其他人完全不同的追求，但又都以相同的心情在爱着家中的每一个成员。他们相互理解，相互尊重。弟弟无法理解摇滚，但是会在哥哥生日那天送他一张限量版的歌碟；哥哥无法理解弟弟，但仍然给弟弟创造最好的学习环境。

这才是一个健康的家庭应当具备的氛围。

9.3　经验不可完全复制

千千万万个哈姆雷特

教育是人类自古以来的难题之一。它之所以难，是因为它并没有一条永恒不变的定理。

数学、物理，这些都有固定的规律。就连绘画、音乐，同样有它们可以遵循的理论。但教育不同，全世界有多少个孩子，就有多少套教育方案。

在A家庭中，大宝会因为二宝的到来而心生嫉妒。但在B家庭里，大宝反而比谁都兴奋，比谁都护着二宝。世上没有哪两片叶子是完全相同的，世界上也没有哪两个孩子是完全相同的。

人的基因链有着无数种组合方式，最终可以创造出无数个性格迥异的个体。

所以，当有人说必须这样对待一个孩子，或者必须那样对待时，你需要仔细思索，思索这些理论在自己孩子的身上是否同样适用。

当然，这些理论都是经过许多家庭验证的，对于大多数孩子来说，都有作用。但在听取经验的同时，父母仍然应当结合孩子自身的个性，来调整他们的应对方式。

比如，当一个孩子的个性比较被动时，单纯的关爱和鼓励可能作用不大，父母需要严苛一些，才能让这个孩子建立起责任心。而如果一个孩子过于活泼，父母则不需要调动起他的积极性，相反，父母可能被他调动起更多的积极性。

甚至，有的孩子非常聪明，比他们的父母还要聪明。

见过这样的孩子，他们的父母总是糊里糊涂的，在照顾二宝的时候，经常犯各种错误。这时候，大宝一边庆幸自己竟然能顺利长大，一边指出父母的错误。在这个家庭里，别说父母教育子女了，不如说子女每天都在教育父母。

同样是这个家庭，之所以孩子能比他的父母还细心，是因为父母给了他足够的关爱，让他有自信、有勇气担当起家庭的责任。

对于父母来说，他们无法在孩子出生之前就预料到这个孩子将会是怎样的一个人，永远无法想到这个孩子身上会有多么神奇的特质和不可思议的力量。但无论如何都要记得，不管孩子是什么样的人，身为父母，都不要放弃对孩子的爱。因为那应当是这个孩子来到世界上的唯一的理由。

找到属于你家宝贝的关键点

每个人都有属于他的独一无二的特点。有的人嗅觉特别敏锐，有的人听觉比一般人更灵敏，有的人可以把拇指向外翻，有的人多长了一颗牙齿……

这些特点可能是无关紧要的，但对这个人来说，这是显示他与众不同的依据。

孩子也是一样，每个孩子都有在其他孩子的身上找不到的特质，不论那特质是好是坏，它都是一种特质。父母在处理子女之间的问题时，也要找到那些与其他孩子不一样的特质，再来对症下药。

小文就是那种个性与众不同的孩子，他总是喜欢一个人待着，用一种普遍的观点来说，他算是性格孤僻。

因此，当父母生了第二个宝宝之后，小文简直是如临大敌。

小文不是那种喜欢哭闹的孩子，他虽然孤僻，但性格较为温和。因此，当弟弟在家中跑来跑去、闹来闹去的时候，他除了自己跑到一个不会被弟弟发现的角落，别无他法。

这让父母感到有点为难，他们对小文从没缺少过爱和尊重，可小文天生性格就是如此，他们也没办法强行要求小文与弟弟增加互动。

最后，父母做出了一个决定，他们决定尽量保证小文的私人时间，同时，他们会花更多的时间来陪伴小文的弟弟玩耍。

当然，小文也不是完全杜绝与弟弟的互动，当晚餐时间，或者是其他需要家庭成员聚在一起的时候，小文还是会逗弟弟开心。

他当然喜欢他的弟弟，他只是需要更多的个人时间。

这个家庭的确有些特别，父母没有用相同的关爱去对待两个孩子，而是把大部分爱都给了弟弟，至少从表面上看起来是这样的。

但最大的爱就是尊重。父母选择尊重小文的生活方式。即便父母总是带弟弟在外面玩，留小文自己在家，小文也不会有任何不满，因为这是小文的天生性格。

毕竟，为了家庭的气氛而去强迫孩子做他们不喜欢的事情，这也是不够尊重孩子的体现。

9.4　家庭关系大于亲子关系

我们是相亲相爱的一家人

曾经在电视上看到一则公益广告。内容大致是说，一个常年在外工作的年轻人，从来都不回家过年，当他终于结束一切工作，回到家中时，发现父亲已经不在人世，所以，尽孝要趁早。

在中国渐渐步入老龄化社会时，大量的年轻人忙于生计，在大城市拼搏。他们的父母守在小城，很可能将全部金钱和精力都给了孩子，孤单地度过余生。这样一则公益广告的社会意义，就是呼吁子女多给父母一些关心和关爱。

世上最令人悲哀的事情是"子欲养而亲不待"。如果有一天父母离开，子女终究会后悔没有经常陪伴父母。

这个立意很不错，也可以从其他角度进行解读。

在中国人的传统观念中，孝顺是比天还大的事，是做人的立足之本。这是我们民族文化中值得肯定的地方。但是也要警醒，这种观念要放在心里，成为一种美好文化的基石，而不要偏执地去理解。

在本质上，父母与子女之间的关系是对等的，两者互为彼此的责任。相处起来，如果能够像朋友一样互相尊重，保持恰当的距离，不失为一种健康的关系。

不能轻易地将"不孝"这个标签贴在任何人身上，因为，发生在亲子之间的问题，可能是社会问题。发生在亲子之间的矛盾，可能是双方的原因。子女，不该是这段关系中的讨伐对象。

亲子关系与其他的家庭成员之间的关系并没有太大不同。父母身负监护子女的任务,这是父母的法律义务。父母需要教育子女,这是父母在家庭中肩负的责任。但同时,父母也与子女一样,是这个家庭中的成员。一个和谐的家庭里,实在不该把地位区分得那么明确。

尼克有一个漂亮的妻子和两个可爱的孩子。一家人相处得非常融洽,惹人羡慕。

每逢过节,他们会分别装扮成不同的卡通人物,在一起欢快地玩耍。尼克会装扮成唐老鸭,妻子会装扮成米老鼠,两个孩子则装扮成高飞和小鸭子。当他们玩在一起时,根本分不清哪个是大人,哪个是小孩。

有人问尼克是如何处理亲子关系的。尼克告诉对方,他并没有刻意去处理亲子关系。

"我们是朋友。我跟妻子,跟两个孩子都是朋友,两个孩子之间也是朋友。"

"但总会有些不同的吧,"问尼克的人说,"小孩子总有不懂事的时候。"

"那确实让人很心烦,"尼克说,"但你的朋友同样有让你头疼的时候。我能说什么呢?我有两个淘气的朋友。"

问的人不太相信尼克的话,因为那实在太难做到了。

父母怎么可能从来都不摆出父母的威严呢?那样怎么可能教育出好孩子?

这个提问的人始终没有搞清楚,尼克不可能从没摆出过身为父亲的威严,但那不是因为他是孩子的父亲,而是因为他身为孩子的教育者而必须做的。他的威严不是来自于他的身份,而是来自于他的职责。

把他的家人紧紧系在一起的力量，不是通过父母的地位作用，而是家人之间平等的爱和尊重。

父母完全不需要因为父母的身份而束手束脚，也不需要因为孩子的身份而与他们之间产生隔阂。在一个积极、进步的家庭中，每个人都起到同样的作用，每个人都给其他人施以同样的关爱。

家是一个人最原始的力量之源

当一个人诞生在这个世界上，他就拥有了一份最为原始的力量，那叫作"家庭的凝聚力"。

当他还是婴儿的时候，他睁开双眼，看到的是带自己来到这个世界上的两个人，那两个人加上他，便组成了家庭。从那天开始，只要他哭闹，就会有爸爸或者妈妈过来安慰他；只要他开心地笑，父母就会比他更加开心。

最开始，他以为自己是这个家庭的中心，一切都是环绕着他在转。直到几年后，家中又来了第二个婴儿。这一次，牵动全家人神经的变成了那个婴儿。他终于发现自己想错了，自己不是这个家庭的中心，那个新来的婴儿才是。

但父母告诉他，父母对他的在意从没有减少过。

于是，他跟父母一样，也用最温柔、最动人的爱意对待那个新来的婴儿。

当婴儿渐渐长大，他又意识到，原来这个家庭的中心，既不是他，也不是这个婴儿，同样不是爸爸或者妈妈。这个家庭的中心是那个把他们每个人联系到一起的东西，那个东西叫作"血缘亲情"。

那个东西看不见，也摸不到，但真实存在。任何两个家庭成员碰到一起,那个东西都会出现,并迅速把这两个人紧紧地拴在一起,因为那个东西就存在于每个家庭成员的内心。

于是,在这股力量的作用之下,这个家中的每个人都比他们原本的力量强大得多。当其中一个人面对困难时,他获得的是4倍的意志力;当其中一个人遇到喜事,他又会得到4倍的欢乐。

还记得"小桃乐丝"说的那句话,世上没有任何一个地方能比得上家。因为家意味着温暖,意味着有人关怀。

家也意味着不会抛弃,不会放弃。

只有当一个人了解到家的意义和重要性,他才算拥有了组建家庭的能力。

独生子女也好,二孩也好,对于父母来说,都是一样的。一个具有凝聚力的家庭,从来不会因为多一个家庭成员而发生什么无法解决的问题,除非这个家中有人根本不明白家的意义是什么。

如果有人不懂得家的意义和重要性,那么家中的其他成员要努力告诉他,教会他。最后,他们一定会找到属于这个家庭的平衡点,建立起这个家庭的坚固的根基。

去做一对能驾驭这艘船的父母吧,用爱和尊重去关怀每一名船员,然后带着他们乘风破浪,勇往直前。

后　记

　　二孩教育这件事，说难不难，说简单也不简单。表面上看来，我国由于政策等方面的原因，许多人对二孩的家庭结构感到陌生，使得养育二孩成了一项严峻的挑战。但事实上，即便不受政策影响，养育二孩仍然是个不能忽视的问题。

　　不论何时，对待两个孩子的方式跟对待一个孩子的方式都完全不同。

　　当然，独生子女一代，他们对二孩教育方面缺少很多现成的经验。但在总结了诸多案例之后发现，能否养育好两个孩子与父母是否是独生子女的关系不大，关键仍然在教育本身。

　　我们这一代人中的大多数，从小接受的教育方式并不太科学。受时代背景的限制，以现在的眼光来看，上一代的大部分父母并没有足够的知识和眼界，在教育过程中暴露出许多问题。子女在这样的环境中成长，他们本身对家庭的认识就存在一些误区。

　　于是，当开始为人父母，这些从小到大潜移默化的影响就开始发挥作用了。

　　新一代的父母一定要开阔眼界。作为父母，他们需要站得更高，想得更远。如果可能，多看看那些先进的家庭里的人是如何相处的，看看那些眼界更开阔的人是如何教育子女的。

学习处理二孩家庭的问题的过程，是一个学习如何经营家庭的过程。一切发生在家庭内部的问题，到最后都会归结到家庭的本身。

父母在努力成为合格的父母之前，更应该成为擅长驾驶家庭这艘船的船长。只要船长领航的方向正确，这艘船最终一定能驶过风雨，到达幸福的彼岸。

衷心祝福所有家庭的父母都能成为优秀的船长，祝福所有的孩子都能在爱和尊重的环境中成长，祝福每个家庭都能够和睦、幸福。

愿家和万事兴。

艾安妮

2017 年 8 月 10 日

家有二孩，教育不是 1＋1

图书在版编目（ＣＩＰ）数据

　　家有二孩，教育不是1+1 / 艾安妮著. -- 杭州 ： 浙
江教育出版社，2017.10（2019.7重印）
　　（"好家风　好家教"书系）
　　ISBN 978-7-5536-6543-6

　　Ⅰ．①家… Ⅱ．①艾… Ⅲ．①家庭教育 Ⅳ．①G78

中国版本图书馆CIP数据核字(2017)第262014号

"好家风　好家教"书系
家有二孩，教育不是1＋1
HAOJIAFENG HAOJIAJIAO SHUXI
JIAYOU ERHAI, JIAOYU BUSHI 1+1
艾安妮　著

责任编辑	徐海娟
美术编辑	曾国兴
封面设计	黄冠英
责任校对	陈云霞
责任印务	曹雨辰
插画绘制	阿　纯
出版发行	浙江教育出版社
	（杭州市天目山路40号　　邮编:310013）
激光照排	杭州兴邦电子印务有限公司
印　　刷	三河市嘉科万达彩色印刷有限公司
开　　本	710mm×1000mm　1/16
印　　张	13.5
字　　数	151 000
版　　次	2017年10月第1版
印　　次	2019年7月第2次印刷
标准书号	ISBN 978-7-5536-6543-6
定　　价	35.00元
网　　址	www.zjeph.com